IMPACTO REAL

Las nuevas economías del cambio social

Morgan Simon

La autora, Morgan Simon, no ofrece recomendaciones de inversión ni asesoría específica al lector de este material, que es de carácter general y no debe considerarse como un análisis o artículo extenso de los temas discutidos. El material incluido es de carácter impersonal y no toma en cuenta las circunstancias particulares de los lectores ni de ninguna institución que representen.

El lector no deberá tomar decisiones personales financieras ni de inversiones solo según lo que ha leído en este texto. Este libro no sustituye ni equivale a una consulta con un asesor financiero en un contexto individual en el que todos los hechos de la situación del lector pueden considerarse y el asesor financiero puede proveer asesoría individualizada o un plan financiero específico. La planificación financiera y las estrategias de inversión tienen el potencial de provocar pérdidas, por lo que los asesores financieros no pueden ofrecer ninguna garantía ni asegurar el éxito. A pesar de los esfuerzos para que sea certero y actual, este material puede incluir información que ya no es vigente. La autora no estará obligada a asesorar al lector en cuanto a ningún cambio subsiguiente relacionado con los temas que se discuten en el libro.

La autora no es abogada ni contable y no provee asesoría legal, tributaria ni de contabilidad. La autora recomienda que cada lector se tome el tiempo de investigar firmas de asesoría de inversión, representantes de asesoría de inversión, así como los servicios y los productos que ofrecen, antes de que se establezca una relación de asesoría de inversión con cualquier firma o antes de hacer cualquier inversión.

A Janet Shenk

CONTENIDO

INTRODUCCIÓN
Resolver un problema real

Comencemos por hablar de problemas reales.

Real es el daño que la economía global ha causado mediante siglos de prácticas extractivas.

Real es el daño que las iniciativas caritativas ineficientes han provocado al pretender ocultar los problemas estructurales económicos que garantizan que perdure la pobreza y la inequidad.

Real es la oportunidad para que surja un nuevo sector de *inversiones de impacto* —la práctica de invertir no solamente para devengar ganancias, sino también, para el beneficio de la sociedad— para reestructurar la economía global y hacer que la responsabilidad social y medioambiental sean un factor fundamental a la hora de decidir cómo usar el dinero en la sociedad, y que esto no sea algo que se relegue al último plano.

Real es el hecho de que las inversiones de impacto ya se están haciendo de manera masiva por una cantidad limitada de personas. Es una tendencia de billones de dólares y la mayoría de la gente nunca ha escuchado hablar de ella.

Real es el hecho de que las inversiones de impacto corren el peligro de reproducir los mismos errores de la industria de las ayudas humanitarias, que tiene un enfoque paliativo en vez de abogar por un cambio estructural y que escoge "expertos" de fuera, en vez de escuchar a aquellos cuya experiencia se fundamenta en una realidad que experimentan a diario.

Real es la oportunidad que tenemos de hacerlo bien. Podemos transformar la manera en la que se han practicado las inversiones de impacto: escalando intervenciones que realmente crean un impacto sistémico y a largo plazo, y que son responsables con las comunidades a las que pretenden servir.

Cada generación cohabita en la cúspide de grandes transformaciones sociales. La nuestra está atestiguando transformaciones revolucionarias en el papel del capital en una sociedad en la que billones de dólares migran hacia unos propósitos sociales y medioambientales positivos. Será una tragedia dejar este momento pasar sin que se intente maximizar nuestro potencial como consumidores de inversiones de impacto. En este libro ofrezco un marco de referencia que espero que nos sirva de inspiración y guía hacia un impacto real y que cambie el mundo. Asimismo, compartiré algunas de las historias de la gente y las comunidades que me han inspirado.

El cambio social es un proceso en el que las personas —perfectamente imperfectas como somos— trabajan para crear mejores resultados. Aunque muchas veces esos esfuerzos distan mucho de satisfacer nuestras exigencias, tenemos la responsabilidad de hacer lo mejor que podamos.

Impacto real es un intento por hacer mi parte al brindar una hoja de ruta para aquellos que tengan el interés de participar de las inversiones de impacto con integridad y responsabilidad, de manera tal que, realmente, resuelvan problemas a largo plazo.

Por los pasados quince años he estado trabajando entre la confluencia de las finanzas y la justicia social. Fundé cinco organizaciones líderes en el sector: la Coalición de Dotaciones Responsables, Toniic, Pi Investments y Transform Finance. Estas procuran influir en cómo y dónde se invierten más de ciento cincuenta mil millones de dólares. En el 2016 también empezamos a apoyar a la Fundación Libra en su camino hacia las inversiones de impacto a la vez que apoyamos a Inversiones Pi. Trabajamos de manera muy cercana con las dos familias responsables por estos esfuerzos y les sacamos provecho a sus valores similares para apoyarlas a crear una cartera en la que rija el compromiso con la justicia social y que siga los principios de Transform Finance.

Estas experiencias me han dado una perspectiva única en cuanto a la práctica de las inversiones de impacto, pero para nada pienso que tengo todas las respuestas. El enfoque de Transform Finance, la organización que cofundé para establecer un vínculo entre la justicia social y las inversiones de impacto es enfocarse principalmente en asegurarnos de que la industria haga las preguntas correctas, considerando que hará falta una comunidad amplia y las experiencias que se ganan a lo largo del tiempo para poder contestar dichas preguntas de una manera efectiva. En estas páginas comparto lo que he aprendido, así como las preguntas que debemos seguir haciéndonos a medida que desarrollamos este vehículo nuevo y poderoso para lograr un cambio social, y apuntalar a que nuestro impacto sea real: transformador, no paliativo.*

¿Qué tiene que pasar para que las inversiones de impacto puedan ser realmente transformadoras? Uno de nuestros mayores recursos es el capital intelectual de la población global. Por un lado, en la primera línea están las comunidades y los activistas, quienes comparten un entendimiento profundo de los costos de hacer negocios como de costumbre y tienen, además, una visión de lo que puede ser la armonía social y medioambiental. Por otro, existen inversores experimentados en cómo atraer cantidades grandes de capital y orientarlo efectivamente hacia un objetivo. Con estos esfuerzos combinados y la creación de nuevas estructuras para asegurarnos de que puedan compartir el poder de forma equitativa tendremos una mejor oportunidad de construir una economía generativa y justa.

El sector de inversiones de impacto está un punto de inflexión. Si queremos asegurarnos de que tome el camino correcto, los activistas e inversores tendrán que trabajar arduamente. Hará falta que colaboren dos comunidades que raras veces unen esfuerzos para poder lograr una innovación estructural que facilite los esfuerzos en común y que se comparta el poder de manera efectiva. De forma práctica y filosófica, nos

---

* La palabra "paliativo" es muy escuchada en el contexto de los "cuidados paliativos," pero también puede ser aplicada a los esfuerzos de impacto social. Su definición más general, según el Diccionario de la Real Academia de la Lengua Española, es:
"Dicho especialmente de algún determinado tratamiento o remedio. Que tiene como finalidad mitigar, suavizar o atenuar el dolor de un enfermo".

necesitamos los unos a los otros. Una vez establezcamos los objetivos mutuos y las estructuras prácticas para trabajar juntos, quién sabe. Quizás hasta nos agradará la presencia del otro.

Todo el mundo, no solo los organizadores y los inversores profesionales, puede asumir un papel para cambiar la situación económica y crear un mundo más justo y equitativo a medida que todos participemos de la economía global. Para ayudar a guiar a la diversidad de lectores de este libro en su camino hacia una economía nueva por el cambio social, a continuación, presentamos un breve resumen de cómo se estructura esta obra.

En los capítulos 1 y 2 comparto mi experiencia como una activista idealista que está ansiosa por encontrar la manera de participar para rectificar las injusticias sociales y que lucha por encontrar la manera correcta de involucrarse con el mundo. Luego de una breve estancia en el sector del desarrollo internacional, empecé a percibir las limitaciones de la caridad como un vehículo para el cambio estructural a largo plazo. Descubrí que las inversiones —y, en particular, el ámbito nuevo de las inversiones de impacto— eran una herramienta increíblemente poderosa e infrautilizada para crear un mundo más generativo y justo. En estos capítulos, ofrezco además un trasfondo histórico sobre las inversiones de impacto, presento algunas definiciones y animo tanto a los escépticos y a los que apoyan estas iniciativas a que tomen un momento para pensar detenidamente en el potencial de las inversiones de impacto. En mis primeros pasos en el mundo de inversiones de impacto, no obstante, pude constatar que, aunque la mayoría de las inversiones se hacían con las mejores intenciones de añadir un valor social y medioambiental, muchas, al final, tenían un impacto limitado. Erradicaban los síntomas, pero no así la enfermedad. Algunos proyectos que lograron que las personas pobres tuvieran algún momento de pequeño bienestar momentáneo no atendían los desbalances de poder imperantes en la economía global.

En los capítulos 3 y 4 analizo por qué las inversiones de impacto a menudo fracasan en su intento de incrementar su potencial. Una manera relacionada de inversiones, las microfinanzas, comenzó como una idea merecedora de un premio Nobel por la manera en la que luchaba por la pobreza. Sin embargo, a medida que creció se desvirtuó y perdió mucho de su impacto. Hay lecciones que aprender de su trayectoria. Las inversiones de impacto están, de manera similar, en un momento crucial. Se están preparando para crecer rápidamente, pero carecen de las guías estructurales que se aseguren de que el impacto crecerá de la forma proporcional adecuada para crecer la cantidad del capital invertido.

Quizás a las personas del sector les parezca que estos primeros capítulos son bastante críticos. Tienen razón. Mi intención, no obstante, siempre es crear mayor conciencia sobre las fallas del sistema que hemos creado, no señalar a personas específicas. Cualquiera que se involucre en el trabajo de impacto lo hace con la mejor de las intenciones y mi crítica solo pretende motivarnos a que canalicemos esas buenas intenciones hacia reformas institucionales y de procedimiento. Reformas que, en parte, ampliarán nuestra comunidad y que, asimismo, facilitarán que ocurran más inversiones que sean realmente de impacto.

La mayor parte de este texto se enfoca en soluciones potenciales a los problemas que describo y en la oportunidad que tenemos de construir algo realmente transformador. La crítica es sencillamente la leña para el fuego de las ideas y oportunidades nuevas.

El capítulo 5 propone un nuevo modelo para las inversiones de impacto y una serie de principios que permiten que actualicen su potencial de, no solo crear riquezas, sino de producir un cambio económico, político y social que sea sistémico. Describo cómo estos principios —los principios de Transform Finance— fueron desarrollados a partir de un diálogo entre inversores y comunidades, y cómo pueden servirle al movimiento de guía efectiva.

Los capítulos del 6 al 9 cuentan las historias de proyectos específicos de inversiones de impacto que le dan una cara visible a estos principios. Algunas las cuento porque son exactamente el ejemplo del mal que sucede cuando los inversores hacen sus negocios como si aquí no pasara nada, pero la mayoría son historias inspiradoras de éxito que muestran el progreso profundo que podemos lograr —y las maneras en las que tanto los inversores y las comunidades pueden ganar— cuando se aplican los principios de Transform Finance.

El capítulo 10 progresa de los principios a las prácticas y expongo nuestro trabajo con Pi Investments. A nombre de un miembro de la familia Pritzker ayudamos a construir una cartera de inversiones que procura el cambio transformacional de cien por ciento de los activos a través de distintos tipos de inversiones, desde capital privado hasta activos reales. Este capítulo debe ser particularmente iluminador para los inversores y las instituciones, como las fundaciones y los negocios familiares que están inmersos en el proceso de hacerse preguntas como "¿Qué tipo de impacto tenemos y por qué?" y "¿Cómo podemos estructurar esto como una cartera completa que sea sensible tanto a los objetivos financieros y de rendimiento del impacto?"

Finalmente, el capítulo 11 está dirigido al lector que quizás no trabaja en el ámbito inversionista, pero que quiere usar el poder que todos tenemos de crear un cambio mediante nuestras interacciones diarias con la economía. Es decir, qué instituciones bancarias elegimos o cómo invertimos nuestros ahorros de retiro, qué tipo de negocios u organizaciones queremos ayudar a crear, o cómo nuestros movimientos sociales pueden generar recaudos o involucrarse con el activismo económico.

Invito a mis lectores a aprovechar este libro como una oportunidad para reflexionar detenidamente sobre qué significaría en su trabajo tener impacto real. Si usted aspira a ser un inversor de impacto o un empresario social, ¿cómo puede apoyar mejor los cambios transformacionales? ¿Cómo instaurará prácticas personales y profesionales que sean responsables con los movimientos sociales y las comunidades en la primera línea? ¿Cómo en realidad se ven las mejores prácticas y cómo pueden distinguirse de los modelos anteriores y fallidos?

Espero que hacerse estas preguntas le permitan, en treinta años, reflexionar sobre su trayectoria con la confianza de que, en efecto, logró un cambio sistémico positivo y sostenible en el mundo y que no optó por parchos temporeros que repiten los errores de las instituciones caritativas tradicionales por las que para corregir se diseñó la inversión de impacto. Repetir los errores del pasado es muy fácil, porque el sistema financiero convencional automáticamente nos da el poder de tomar exactamente las decisiones equivocadas y hasta lo fomenta. Construir un acercamiento más balanceado en el contexto de las inversiones de impacto requerirá una forma distinta de pensar en el proceso, en la experiencia y en las alianzas. En este libro detallo los acercamientos nuevos a estas piezas fundamentales para la construcción de lo que espero que brinde mejores resultados para todos, incluyendo una vida profesional más emocionante y profunda para todos los que participan de este ámbito.

Si es activista o todos los días se levanta pensando en cómo lograr un cambio, no importa cuál sea su causa —ya sea la justicia racial, el acceso a alimentos, el cambio climático, la vivienda accesible, el género, la desigualdad económica o todo lo anterior— estoy segura de que es plenamente consciente de que las fuerzas económicas tienen un impacto significativo sobre las personas comunes y el planeta Tierra. Le invito a usar este libro como una guía accesible para acceder al mundo financiero —un mundo que está tomando decisiones en detrimento de las comunidades y los paisajes por los que se preocupa todos los días— y usar su poder para lograr una transformación social.

El acercamiento de Transform Finance no es un intento para "desmantelar la casa del amo con las herramientas del amo", como diría la escritora y activista Audre Lorde; en cambio, va acorde con esta cita del filósofo Frantz Fanon: "Yo, un hombre de color, solo quiero esto: que la herramienta nunca posea a la persona". Esta es una invitación a usar el dinero de una forma nueva en la que se construya una economía nueva que se sirva de las prácticas tradicionales de comercio, intercambio e inversiones para reemplazar los activos robados de las comunidades del mundo a lo largo de la historia. Por supuesto que involucrarse en la economía puede sentirse como algo sucio y complicado, y puede provocar comentarios negativos de colegas que perciben que este trabajo es menos radical. Empero, ignorar esta oportunidad sería darles la espalda a las comunidades que deben lidiar con las consecuencias diarias de la economía existente: una economía en la que todos participamos de forma implícita. Tenemos la oportunidad de convertir la economía en una herramienta que funcione para todos y en un mecanismo efectivo de cambio para la gente y las comunidades a las que ha dejado rezagadas por demasiado tiempo.

En este momento único en la historia tenemos la oportunidad, si trabajamos juntos, para crear estructuras que logren reconstruir una economía que le sirva a la gente de carne y hueso y que fomente un planeta más saludable. Con este libro espero inspirar a los activistas sociales a tener otra visión del poder que tiene el capital para crear cambios sociales, económicos y medioambientales que sean poderosos y positivos. Quiero extenderles una invitación urgente a los posibles inversores de impacto a que asuman el reto de construir una industria que sea mejor y conformada por una comunidad amplia e inclusiva. Una comunidad que se rehúsa a aceptar cualquier cosa que no sean cambios transformadores. Esa es mi invitación: que nos embarquemos juntos en esta travesía. Será difícil, será cuesta arriba, será desgarradora, intensa y hermosa. Y todo nuestro esfuerzo colectivo valdrá la pena.

CAPÍTULO 1:
LOS LÍMITES DE LA CARIDAD

Nací y crecí en los Estados Unidos de América, un país fundado sobre la idea de que los mercados libres son los asignadores más eficaces de recursos para apoyar a la sociedad. Un pilar de esta idea es que la mejor manera de corregir al mercado o de levantarse de los fracasos personales es mediante los subsidios gubernamentales y las donaciones caritativas. La gente trabaja para ganarse la vida y después dedica su tiempo de ocio para participar del clásico pasatiempos americano de "ayudar a los menos afortunados". Nuestra economía funciona igual: genera valor sustantivo y lo que se considera que sobra, ya sea a nivel individual o corporativo, es lo que se le asigna a ayudar a los demás

No sé si realmente percibí o creí en este paradigma a un nivel consciente, pero cuando era adolescente volqué mi rabia juvenil contra la estructura social del mundo participando de trabajos voluntarios. Pensaba que esto era lo que se hacía cuando uno quiere ayudar a la gente. Cuando terminé la escuela secundaria, había logrado un empate con mi amiga Jamie Long en tener la mayor cantidad de horas de servicio comunitario de nuestra clase de 274 alumnos. Pasé tanto tempo sirviendo en parte porque disfrutaba grandemente las relaciones que construí en el proceso de trabajar principalmente con las familias inmigrantes del centro de Los Ángeles. Cuando iba a hacer "trabajo voluntario" me sentía más como si fuera a pasar el rato con mis amigos: personas que eran importante para mí. También me sentía genuinamente furiosa por el hecho de que estas personas por las que sentía tanto cariño no tuvieran el mismo acceso que yo a una educación, a una vivienda segura, a empleos de calidad o al botín en general de la economía estadounidense.

Presencié cómo los mercados les fallaban a las personas una y otra vez, especialmente a aquellas que se veían o hablaban de cierta manera. No obstante, no dejé de lado la idea de que una intervención correcta mediante el sector de las organizaciones sin fines de lucro, o mediante políticas públicas, pudieran solucionar el problema y que estos canales eran una fuente para conseguir una solución. Me tomó diez años de experiencia antes de que esa creencia se revelara por completo. Antes de que me diera cuenta de que estas "buenas obras" en realidad eran parte del problema a la hora de legitimar un sistema económico inequitativo.

No es nada nuevo que el modelo de libre-mercado-más-caridad no produce prosperidad ni bienestar a nivel mundial. Su fracaso es la razón por la que procuramos soluciones nuevas, como la inversión de impacto. Sin embargo, no ha sido hasta recientemente que he visto cómo nuestras actitudes culturales subconscientes hacia la economía en realidad le dan forma a lo que pensamos que es posible. Tiene que haber otra forma de estructurar una economía que le sirva mejor a la gente, si tan solo pudiéramos lograr imaginárnoslo y verlo.

Para aquellos que vivimos en los Estados Unidos, por ejemplo, puede ser difícil imaginarnos una alternativa al tipo de capitalismo al que estamos acostumbrados. De igual forma, puede ser difícil comprender y apreciar estructuras económicas locales, como las cooperativas, que son comunes y exitosas en el sur global, pero que rara vez se usan aquí. A lo largo de mi carrera he visitado cuarenta y siete países diferentes, entre los que se encuentran algunos —y tan diversos como los Países Bajos, Brasil, Cuba y Suecia— que tienen una visión económica que es muy diferente a la nuestra. No traigo este punto a colación para invocar el trillado argumento de capitalismo contra comunismo, sino solo para decir que sé que es increíblemente difícil para *todas* las posturas del debate salir de sus cosmogonías correspondientes e intentar visualizar reglas nuevas para una economía global. Involucrarse con este libro requerirá un proceso de desaprendizaje. Es decir, una apertura a la idea de que podemos aprender de estrategias que no parecen estar a tono con nuestras nociones previas para que, a fin de cuentas, podamos usar estas enseñanzas para construir un sistema económico muy diferente.

Explorar alternativas no quiere decir que la caridad y las ayudas son universalmente malas. Está claro que tienen el potencial de hacer el bien. De lo que se trata en realidad es de reconocer que son estructuralmente ineficientes a la hora de crear un cambio sistémico, en parte porque son una parte intrínseca del sistema actual. A fin de cuentas, refuerzan de forma inconsciente los paradigmas económicos que sostienen el acceso fundamentalmente desigual de las personas a recursos y oportunidades.

Consideraremos la macromecánica a raíz de la cual esto sucede, pero primero, quisiera compartir cómo una lata de atún provocó mi primera crisis existencial en cuanto a las ayudas y a la caridad y me ayudó a evitar años de que mi trabajo respaldara un sistema fallido.

ABRIR LA CAJA DE TRUENOS: YA BASTA

Era el verano de 2003. Tenía veinte años y trabajaba en Sierra Leona bajo el auspicio del Tribunal Especial, la cámara organizada por las Naciones Unidas que pretendía buscarle el sentido a la guerra civil de diez años en el país. Estudiaba Economía y Ciencias Políticas en la Universidad de Swarthmore y estaba obsesionada con el ámbito del desarrollo. Soñaba con que eventualmente me asignaran a algún lugar, quizás bajo USAID o las propias Naciones Unidas.

Me asignaron a una ONG local llamada Green Scenery, que era dirigida por Joseph Rahall, becario de la organización Ashoka. Mi trabajo era evaluar y sugerir mejoras a un nuevo programa de siembra de árboles subvencionado por el gobierno y que estaba fracasando estrepitosamente por razones desconocidas. No era la designación habitual en el campo de los derechos humanos. No obstante, no en todos los países las mujeres tienen que preocuparse por la posibilidad de ser atacadas cuando van a recolectar leña para el fuego. Esto, en medio de la inmigración masiva a la ciudad, que se percibía como "segura", y a las áreas costeras, así como la sobreexplotación de árboles durante la guerra. La caminata para recolectar leña les tomaba a las mujeres un promedio de seis horas al día. Sembrar árboles —con urgencia— era una prioridad inmensa del gobierno de Sierra Leona, ya que la vasta mayoría de la población dependía de leña para preparar sus alimentos todos los días.

Mi trabajo requería que pasara periodos largos de tiempo en áreas rurales, en donde las personas por lo general solo comían una vez al día por la pobreza extrema que todavía existía en el país. El menú era arroz con legumbres y pescado seco por 500 leones el plato o el equivalente a veinte centavos de dólar. Después iba a un mercado local para comprar los víveres que necesitaría antes de hacer mi próximo viaje a la campiña. Me sentía fatal por estar "colando" comida a mi habitación. Compraba cereal Weetabix y otros artículos para por lo menos tener dos comidas al día: un enorme lujo en la aldea.

Divisé el celaje de un objeto brillante en el carrito de una vendedora ambulante. ¡Una lata de atún! Es triste admitirlo, pero estaba muy emocionada con la idea de poder prepararme un sándwich de ensalada de atún. Tomé la lata y claramente estampadas en ella estaban estas palabras:

Programa Mundial de Alimentos: No Vender
Regalo del Gobierno de Japón

Le pregunté a la mujer cuánto quería por la lata: 2,500 leones, dijo. Un poco más de un dólar. Le mostré la etiqueta que leía "No Vender" y le cuestioné dónde había conseguido la lata. Me sonrió y explicó que, aunque hablaba con fluidez por lo menos tres lenguas, no podía leer la lata. Solo quería saber si la compraría o no y que, si no lo haría, debería dejarla irse para seguir con su faena.

Era una vendedora convincente: le compré la lata. Con los 2,500 leones que le pagué, la mujer podía comprar cinco platos rebosantes de la comida preferida suya y de sus hijos. Qué manera de enseñarme una lección de racionalidad económica. Estaba claro que vender la lata de atún era lo mejor que podía hacer con ella.

Para suerte de ella, yo, que era en esencia una trabajadora de ayudas con un estipendio en dólares estadounidenses, tenía un ingreso disponible con el cual pude comprarle a ella ya que, por supuesto, ningún habitante local pagaría 2,500 leones por una lata de atún que se suponía que fuese un regalo. Agraciadamente, el Gobierno de Japón había donado un exceso de atún al Programa Mundial de Alimentos, que lo transportó a un poco más de al otro lado del mundo para alimentar a personas con hambre, para que luego una mujer astuta se diera cuenta de que podría comer treinta y cinco veces la cantidad de calorías que tenía el contenido de la lata si se lo vendía a una trabajadora de ayuda humanitaria de los Estados Unidos.

Haciendo un poco de matemáticas rústicas durante el trayecto — igualmente rústico — de vuelta al campo de trabajo, calculé que esa lata de atún generó un mínimo de cien veces más valor económico para otra gente — incluyendo los pescadores japoneses, los funcionarios del gobierno en Tokio y los directores del Programa Mundial de Alimentos en Roma y Freetown — que lo concebido para la gente que eran los supuestos beneficiarios.

En ese momento entendí tan claro como el agua que, si seguía pretendiendo tener una carrera en las ayudas humanitarias, el balance del trabajo que hiciera en la vida iba a crear mucho más valor para la gente con poder que para la gente sin poder.

LIMITACIONES ESTRUCTURALES A LAS AYUDAS

Esta historia es, simplemente, un microcosmos de los desafíos a nivel macro del sistema global de ayudas humanitarias. Su ironía radica en la forma en la que los recursos donados constituyen un mecanismo correctivo y accesorio de nuestros sistemas económicos, en vez de intentar tratar bien a las personas desde el principio. Pero el mecanismo correctivo en realidad no es correctivo. El valor de los objetos y de los bienes y servicios y del efectivo que proviene de las ayudas gubernamentales, de la caridad, de la filantropía privada y otras son, para decirlo de manera sencilla, una gota en el mar de la economía global. Jamás va a poder proveer recursos suficientes a la gente suficiente, para liberar la inteligencia, energía y capacidad suficientes, para darles la oportunidad de tener éxito en la lucha contra intereses inamovibles y reconstruir una economía que pueda darles una vida mejor a sus hijos y a los hijos de sus hijos.

Todos los años, las fundaciones estadounidenses reparten cuarenta y seis mil millones de dólares. Sí, es mucho dinero, pero no cuando uno considera que ciento noventa y seis billones de dólares circulan en la economía global *todos los días*. Es como si fuera un accidente petrolero que cubre 4,268 miles de metros cuadrados del mar, y uno solo tiene un millón de metros cuadrados de papel para tratar de limpiarlo. Suerte con esto.[1]

Además, desafortunadamente, hay que pensar también en que solo el doce por ciento de las donaciones de las fundaciones se destinan a proyectos relacionados con la justicia social.[2] Eso quiere decir que el 86% de tus miles de metros cuadrados de papel serán para disfrutar de la ópera o del ballet o quizás hasta para grabar tu nombre en la pared de un edificio universitario. Ahora te quedarán 192 metros cuadrados con los que limpiar los miles de metros cuadrados de petróleo derramado. No es que el arte y la educación no sean fantásticos e importantes; se trata de que la gran mayoría de las donaciones se están encaminando hacia las instituciones o los países más ricos del planeta.

Por último, las fundaciones estadounidenses están requeridas por ley a que repartan solo un cinco por ciento de sus recursos cada año y no existe ningún requisito en cuanto a sus recursos restantes, que mayormente toman la forma de inversiones y no tienen nada que ver su misión más allá de generar más recaudos para repartir más dinero.[3] Esto quiere decir que se les permite a las fundaciones tener un 95 por ciento de actividades contradictorias con su misión. Es un truco para evitar impuestos. Muy pocos sectores pudieran salirse con esta.

Imagínese, por un momento, que el presidente de una compañía petrolera invierte el 95 por ciento de su tiempo en jugar golf y cinco por ciento explorando petróleo. O que usted, a pesar de que se le pague por estar de nueve a cinco en la oficina, solo fue por 24 minutos. Ustedes dos, ¿no serían despedidos?

Aparentemente, en el mundo de las fundaciones, la respuesta es no. Sin embargo, nos estamos dando cuenta de ese truco tremendo y tratamos de exponerlo y atajarlo.

Desde antes de 2007, el Los Angeles Times (LA Times), el periódico de la ciudad donde nací, publicó una serie de artículos reveladores sobre la Fundación Gates donde explicaba las fallas de las fundaciones, y estipuló un argumento contundente sobre alinear las inversiones con valores claramente articulados. El primer artículo publicado, "Nubes oscuras sobre las buenas obras de la Fundación Gates", examinó los efectos conflictivos de la filantropía de la fundación y sus inversiones en el Delta de Níger. Según el artículo, la fundación había donado doscientos dieciocho millones de dólares mundialmente para apoyar las investigaciones y vacunas sobre la poliomielitis y el sarampión, e incluía al Delta de Níger. Sin embargo, el LA Times encontró que, al mismo tiempo que la Fundación Gates financiaba inoculaciones para proteger la salud, invirtió cuatrocientos veintitrés millones de dólares en Eni, en Royal Dutch Shell, en Exxon Mobil Corp., en Chevron Corp. y en Total de Francia, las empresas responsables por plagar de contaminantes del Delta a niveles más altos de los que le sería permitido a cualquier empresa en los Estados Unidos o Europa.[4]

En términos de negocios, sería como si la Fundación Gates hubiera construido una fábrica de automóviles y después ordenado a que dos buldóceres destruyeran cada auto terminado. Eso es, en esencia, lo que la filantropía hace todos los días: construye su dinero sobre los cimientos de una economía extractiva y después regala cinco por ciento para tratar de solucionar los problemas del 95 por ciento restante.

Con sus grandes recursos e influencias, la Fundación Gates fue un objetivo fácil y más de una década después la fundación ahora es un inversor de impacto muy activo. No obstante, la realidad es que en ese entonces no estaba haciendo nada peor de lo que la mayoría de las otras fundaciones continúan haciendo hoy en día. Me atrevo incluso a aseverar que no obraba diferente de lo que hacemos los demás ciudadanos que invertimos nuestro dinero en instituciones financieras o tomamos decisiones como consumidores sin tener conocimiento de su efecto sobre la humanidad y el planeta.

Entonces, ¿cuál es nuestra alternativa? ¿Qué podemos hacer si queremos seguir nuestros buenos valores, pero el sistema de donaciones nos deja en una lucha de David y Goliat?

Como Carville le dijera al presidente Bill Clinton: "Es la economía, estúpido".[5]

CAPÍTULO 2:
EL ACTIVISMO ECONÓMICO Y LAS INVERSIONES DE IMPACTO

Esa lata de atún hizo que reconociera los límites de las ayudas y de la filantropía. Fue el impulso hacia el camino de las inversiones de impacto. Empecé a pensar en cómo podía involucrarme con efectividad en los temas que me interesaban. ¿Dónde estaba ocurriendo la acción real? ¿Cuál era mi ventaja comparativa dentro de la comunidad global de activistas, en el contexto de una economía global dominada por los intereses estadounidenses?

Al igual que a muchos de mis compañeros universitarios, se me había inculcado toda la vida que podía lograr lo que quisiera y resolver cualquier problema. De alguna manera, este tipo de arrogancia me ha servido bien. De hecho, el solo pensar que nunca podría fallar demasiado es lo que ha impulsado gran parte de mi espíritu empresarial. Dicho esto, en ocasiones he tenido que abrir los ojos a la realidad sobre los límites de la efectividad individual, en dos niveles:

- La primera regla que los activistas de justicia social aprenden —sobre todo aquellos de origen blanco y relativamente privilegiados— es seguir al líder de la comunidad afectada a la cual se busca servir. Esto, no solo para el beneficio de los demás, sino también, para la propia liberación del activista. Su experiencia puede facilitar una contribución crucial, pero necesita estar contextualizada adecuadamente. Es aceptar que uno no puede decidir las prioridades de otra persona y, por lo tanto, nunca se puede actuar por cuenta propia para abordar un problema colectivo.

- Independientemente del mandato bajo el cual se trabaje hay límites a la eficacia de la acción individual dentro de sistemas rotos. A veces hay que cambiar el sistema mismo. Para hacer eso, se tiene que descubrir la raíz del problema. Y atacarla directamente.

Con todo esto en mente, reconocí e internalicé la inutilidad de mi inexperiencia, del esfuerzo que emprendía —y de los que otros jóvenes de universidades élites hacían junto a mí— para "servir" en países en desarrollo o incluso en comunidades de EE. UU. sin jamás haber identificado dónde éramos más necesarios y pudiéramos ser más efectivos. Todos caímos en la trampa de enfocarnos más en lo que *nosotros* encontrábamos interesante en vez de en lo que podría ser realmente útil para los demás.

Tomé conciencia, además, de que los apremiantes retos que esperaba abordar a través del trabajo de desarrollo —la falta de alimentos, de agua potable, de vivienda, de educación, de salubridad— eran causados en gran medida por las fuerzas económicas mundiales y a menudo por modelos, políticas y compañías específicamente creados en los Estados Unidos. Si quería ayudar a las personas indígenas en Ecuador que sufren los impactos ambientales y de salud causados por compañías petroleras estadounidenses que operan en la región, montarme en un avión para luchar en su lucha local, como si supiera hacerlo mejor que ellos, no iba a ayudar mucho. Lo mejor que podía hacer como estudiante universitaria estadounidense que vivía en un suburbio del estado de Pensilvania era exigirles a las compañías estadounidenses que rectificaran sus prácticas. Exigirles a las compañías petroleras que rindieran cuentas en Ecuador no parece mucho más fácil de lograr que conseguir que entrara la ayuda alimentaria eficazmente a Sierra Leona, pero como estadounidenses, o ciudadanos de cualquier nación, todavía tenemos algunos vestigios de poder sobre los políticos y las corporaciones "nacidas" en nuestro territorio. Tendemos a renunciar a nuestro poder con demasiada facilidad en vez de trabajar para vencer a estas fuerzas en su propio juego.

UNA NACIÓN DE MULTIMILLONARIOS QUE NO SABEN QUE LO SON

Cuando los activistas emprenden una campaña a menudo comienzan por construir un "análisis del poder" en el que trazan quién tiene el poder para cambiar una situación y luego considerar quién o qué puede ejercer influencia efectiva sobre estas fuentes de poder. Sería ideal poder trabajar para cambiar estas instituciones de modo que el poder no se concentre en un círculo tan cerrado, pero a menudo son una serie de victorias políticas, más pequeñas, las que conducen a un cambio estructural general.

Inevitablemente, este análisis de poder está plagado de dinero. ¿Quién se beneficia de cierto *statu* quo o comportamiento dañino, y qué tipo de cambio se necesita para cambiar las circunstancias de manera tal que ya no sea rentable sostenerlo? ¿Qué ayudaría a que se decida por otros factores que no sean el ingreso neto —como se define tradicionalmente— como una prioridad cuando se toman decisiones?

Se presume que las personas que aquellos que accionamos para cambiar un sistema inequitativo no tenemos acceso a los recursos y que aquellos que no somos blancos, que no tenemos estudios universitarios o que provenimos de un trasfondo pudiente tenemos incluso menos acceso. Percibimos a las instituciones y a los ultrarricos como los mayores poseedores de riquezas y que un pequeño porciento de individuos posee el resto. En otras palabras, el llamado uno por ciento y diez por ciento de la población. Debido a que esta realidad es dolorosa para muchos de los que estamos excluidos de la élite, tendemos a evitar el tema de la inversión y su impacto en los sistemas económicos ya que, simplemente, están demasiado alejados de nuestra realidad para enfrentarlos de manera efectiva. No obstante, una vez se considera quiénes en realidad financian las instituciones ricas y a quiénes les sirven legalmente —y, por tanto, quienes influyen sobre estas— se desvela otra historia. Como descubrí siendo estudiante en la Universidad de Swarthmore, puedes ser multimillonario sin saberlo.

Swarthmore, como muchas universidades de primera, tiene un fondo dotal de unos dos mil millones de dólares.[1] Como institución sin fines de lucro está legalmente obligada a invertir su dinero para apoyar su misión educativa y para servir a los estudiantes. Esta obligación no es diferente a la del Sistema de Retiro de los Empleados Públicos de California (CalPERS, por sus siglas en inglés), por ejemplo, que invierte los fondos de pensiones de los maestros de California para su beneficio a largo plazo. Como tal, controla unos trescientos mil millones de dólares en inversiones. También es el caso del Sistema de Retiros de los Empleados de la Ciudad de Nueva York (NYCERS), que tiene a su cargo salvaguardar las pensiones de los empleados de la ciudad o, en otras palabras, cuarenta y siete mil millones de dólares.[2]

Como yo o como la maestra de kindergarten de California, o como el trabajador de limpieza del condado neoyorquino del Bronx, o como el trabajador a salario mínimo y a tiempo parcial con una cuenta bancaria en una institución, casi todos en los Estados Unidos tenemos alguna relación con una institución que invierte al menos mil millones de dólares. De cierta forma, todos somos multimillonarios cuando se trata de influir en el destino del dinero en nuestra economía. La pregunta se convierte en cómo aprovechamos estas conexiones.

En el 2007, llevé a cabo un taller sobre inversiones de impacto en el primer Foro Social de los Estados Unidos, que se celebró en la ciudad de Atlanta. Este foro es una reunión de activistas sociales que surgió a partir del Foro Social Mundial. Realizado en un sótano y con una publicidad mínima, yo no tenía ninguna idea de si alguna persona iba a asistir. Cuando entré en la sala, cinco miembros blancos de Resource Generation, una organización progresista que ayuda a los ricos jóvenes donantes a trabajar de manera efectiva, ya estaban sentados en la primera fila, con los cuadernos en el regazo. "Genial —pensé—. Un buen grupito con objetivos similares... Podremos tener una conversación real aquí". Más o menos a los diez minutos, entró una delegación de unas 30 mujeres negras con unas brillantes camisas violetas de la Unión Internacional de Empleados de Servicio (SEIU). Habían viajado en autobús desde Texas a Atlanta para la conferencia. Cuando el grupo de mujeres empezó a presentarse, expresaron que, si bien no esperaban ser millonarias, sabían que su fondo de pensiones era una fuente de poder y tenían curiosidad por saber qué estaba haciendo la SEIU y cómo podían pensar de manera más proactiva acerca de su poder colectivo como inversoras.

Cada mujer, si tenía suerte, ganaba veinticinco dólares la hora trabajando como enfermera en Texas. Sin embargo, estaban conectadas al billón de dólares en activos de pensiones que la SEIU administraba.[3] En cierto sentido, su poder colectivo era mucho mayor que aquel de los individuos de un alto valor neto a los que Resource Generation representaba y este poder era una fuente de orgullo y convicción para las trabajadoras. El taller entabló una conversación sobre el poder entre dos audiencias que rara vez coinciden. Fue una afirmación de que, en un mundo en el que las probabilidades están de tantas maneras en contra de las comunidades históricamente desfavorecidas, existen puntos de acceso al poder que pueden aprovecharse de forma eficaz y precisamente a través de lo que, de manera general, vemos como el enemigo: el mundo financiero.

Cuando era una estudiante universitaria, con activos e ingresos limitados, mi poder financiero se concentraba en la institución que invertía en mi nombre. Swarthmore, como cualquier gran institución, tenía su dinero invertido en casi todas partes. Las inversiones en un fondo dotal o de pensiones habituales de una institución grande como una universidad o una unión pueden incluir prisiones privadas, petróleo y gas, contratistas militares y pesticidas dañinos. Estas inversiones pueden ser totalmente lo opuesto a los valores de las personas a nombre de quienes supuestamente invierten el dinero y a menudo se hace sin el conocimiento o la influencia de los supuestos beneficiarios.

Una vez supe de esto, como una activista común que apoyaba una variedad de causas, ya no me contentaba con luchar por que el café de la cafetería universitaria proviniera del comercio justo o que en la tienda de artículos para los estudiantes se vendieran camisetas que no se fabricaran talleres de mano de obra esclava. No es que estos temas no fueran de vital importancia, pero en cuanto al presupuesto, la inversión de Swarthmore en el café de la cafetería y en la mercadería de las tiendas universitarias era minúscula en relación con el tamaño de su fondo dotal. Para ser sumamente simplista: ¿Usted preferiría tratar de influir en cómo se gastaban anualmente diez mil dólares o en cómo se invertían mil millones de dólares?

Me incorporé al Comité Universitario sobre Inversiones Socialmente Responsables, que tenía a cargo velar por y mejorar el perfil social y medioambiental de las dotaciones de la universidad. Durante mi primer año como miembro, propuse que presentáramos una resolución de accionistas con Lockheed Martin, una compañía en la que invertía Swarthmore.* Una resolución de accionistas es un tipo de declaración hecha ante todos los accionistas de una compañía para pedirle a esta que tome una acción en particular. Esto se considera como una de las acciones más fuertes que pueden tomar los accionistas contra una compañía, solo superado por rendirse y vender las acciones. De repente, sus trapos sucios son sacados al sol ante las personas que más valoran: sus inversores.

En el caso de Lockheed Martin, tenía una historia oculta de malos tratos contra las personas cuir de la compañía. Era una de las pocas compañías Fortune 100 que todavía no había enmendado su política antidiscriminatoria para incluir la orientación sexual como una categoría protegida. La organización a favor de los derechos de las personas homosexuales que trabajaban en Lockheed, llamada Gay, Lesbian or Bisexual at Lockheed (GLOBAL, por sus siglas en inglés: Gais, Lesbianas o Bisexuales en Lockheed, en español), ya que en el 2001 todavía no estaba en boga todo el espectro LGBTQ. En el año 2002 informó que los empleados LGBTQ de todo el país recibían regularmente notas anónimas desagradables en sus escritorios. Estos empleados a menudo intentaban lograr que les transfirieran a las oficinas en

---

* Luego, el cuerpo estudiantil le cuestionó a Swarthmore cómo, como una universidad cuáquera, pudo haber invertido en un manufacturero militar en primer lugar, pero ese asunto sobrepasaba el objetivo de esta campaña en particular.

California, donde la discriminación era ilegal gracias a las leyes locales.

Cuando nuestro comité se enteró de la discriminación y decidió tomar medidas, nos acercamos a GLOBAL para informarles sobre la ruta del activismo de accionistas y preguntarles si nuestra intercesión como inversores les ayudaría a fomentar la responsabilidad corporativa no solo para los empleados, sino también, para los accionistas. Asintieron con entusiasmo y, en el otoño de 2001, presentamos una resolución de accionistas para pedir que se añadiera la orientación sexual en su política antidiscriminatoria.

Swarthmore apoyó mucho lo que era en esencia una iniciativa estudiantil. En abril de 2002 el vicepresidente de finanzas de Swarthmore y yo nos dirigimos a la junta anual de accionistas de Lockheed Martin, en la cálida ciudad de San Diego. Mi padre vino en auto desde Los Ángeles para estar presente.

Éramos todo un espectáculo: Paul Aslanian, el vicepresidente quien, como hombre canoso y blanco llegando a los setenta años, encajaba perfectamente con el estereotipo financiero; y yo, una estudiante universitaria de 19 años, sin duda la persona más joven en presentarse ante todo el equipo ejecutivo y la junta ejecutiva de Lockheed Martin. Si bien la discriminación por edad y el sexismo a menudo han resultado ser un reto en mi carrera, en este momento, ayudó a llamar la atención tener un frente unido por la causa con alguien que representara una presentación muy tradicional del poder y que, además, apoyaba expresamente la voz de autoridad de una mujer joven. Fue algo que, a fin de cuentas, usamos a nuestro favor.

Paul y yo dimos una apasionante explicación de dos minutos de por qué una compañía del siglo veintiuno tenía que tratar a todo el mundo de forma equitativa. Argumentamos, fundamentados en aspectos morales, que era simplemente lo correcto e hicimos un convincente planteamiento económico de que insultar al diez por ciento de su fuerza laboral potencial era, sin lugar a duda, una mala decisión empresarial.

El presidente de la compañía respondió que, si Lockheed tuviera que incluir la orientación sexual en la cláusula antidiscriminatoria, pronto tendrían que "incluir a las personas de ojos marrones y de ojos azules... ¿cuál será el límite a esto?"

Paul fue capaz de dar una última refutación y nunca olvidaré lo orgullosa que estaba de él en ese momento por defender aquello en lo que creía. Miró al presidente a los ojos y le dijo: "Tengo dos nietas pequeñas: una de ojos azules y una de ojos marrones. No me preocupa que sufran discriminación por el color de sus ojos, pero ciertamente temo que enfrenten discriminación en el lugar de trabajo y en particular, en su compañía, si una de ellas resulta ser gay". Después de eso, agentes de seguridad vestidos con trajes negros nos escoltaron afuera. Bromeamos con que esta seguridad de mano dura significaba que algo teníamos que estar haciendo bien.

Si bien la respuesta del presidente en la reunión fue bastante negativa, sabemos que nos escucharon y sabíamos que también debieron haber notado toda la gran publicidad que nos dieron desde Fox News hasta Prensa Asociada, al promulgar la primera resolución de accionistas dirigida por estudiantes desde las iniciativas contra el apartheid sudafricano de los años setenta y ochenta.[4]

Ese otoño, solo unos meses después, Paul me contactó para mostrarme un artículo de primera plana en el Washington Post.[5] Lockheed había anunciado que no solo iba a añadir la orientación sexual a su política antidiscriminatoria, sino que también iba a proporcionar beneficios a las parejas de hecho. La decisión fue una combinación de presión competitiva dentro de la industria, nuestra resolución y años de organización por parte de cientos de empleados de Lockheed en todo el país, lo que hizo que fuera más difícil que Lockheed se resistiera al cambio. Alrededor de un año después de que por primera vez propuse que presentáramos una resolución, pudimos gritar una frase que no es muy común en el mundo del cambio social: ¡¡GANAMOS!!

Estaba absolutamente emocionada y en seguida cambié mi enfoque hacia lo que comúnmente se hace a raíz de este tipo de victorias: usar la que se tuvo contra una compañía para motivar a otras a que adopten las mismas prácticas. De esta manera, identificamos otras tres compañías en la cartera de inversiones de Swarthmore que tampoco tenían definida su posición en cuanto a las orientaciones sexuales en sus políticas antidiscriminatorias: FedEx, Dover y Masco. Las tres recibieron más o menos la siguiente carta:

Estimada Empresa X:

Es posible que se haya enterado de que recientemente Lockheed Martin anunció que añadiría la orientación sexual a su cláusula antidiscriminatoria y que brindaría beneficios para las parejas de hecho después de recibir una resolución de accionistas presentada por Swarthmore College. Nos hemos dado cuenta de que usted tampoco tiene esta política vigente y de que también tenemos acciones en su compañía. ¿Le gustaría cambiar esta política, o debemos presentar otra resolución y llamar al Washington Post para una historia de seguimiento? Simplemente háganos saber su preferencia.

Sinceramente,
Un grupo de estudiantes problemáticos y el vicepresidente de Finanzas que los apoya a nombre de Swarthmore College, con X por ciento de sus acciones como parte de un fondo dotal de mil millones de dólares

El resultado: las tres empresas respondieron en menos de un mes diciendo que cambiarían su política.[6]

No estoy diciendo que todas las campañas que emprenden los accionistas sean tan fáciles. Sin embargo, en poco más de un año, un pequeño grupo de jóvenes persuadió a cuatro compañías Fortune 500 para que cambiaran sus políticas. En el proceso aprendí algo increíble e importante acerca de cuán poderosa podría ser la presión financiera. Me entusiasmó compartir este conocimiento con otros jóvenes que también estaban ansiosos, dispuestos y motivados a lograr cambios.

Por toda la cobertura noticiosa sobre la resolución, los estudiantes entusiasmados con la idea del activismo de fondos de dotación comenzaron a escribir desde todo el país, diciendo que querían hacer más. Cinco de nosotros nos unimos y lanzamos la Coalición de Dotaciones Responsables (Responsible Endowments Coalition o REC, por sus siglas en inglés), que inicialmente reunió a estudiantes de 34 recintos universitarios que buscaban influenciar cincuenta y seis mil millones de dólares de capital.[7]

Durante los tres años y medio que fungí como directora ejecutiva de la Coalición construimos un movimiento nacional en más de 100 recintos con más de ciento cincuenta mil millones en activos. REC celebró su décimo aniversario en el 2014 y todavía se mantiene activa. En los pasados doce años, la Coalición se ha expandido mucho más allá de su programa de defensa de los accionistas para apoyar una variedad de campañas que van desde las inversiones comunitarias y fondos de préstamos ecológicos, hasta la desinversión en prisiones privadas. Asimismo, nos convertimos en un socio clave de organizaciones estudiantiles progresistas como Dream Defenders y 350.org. De forma lenta, pero segura, nos incorporamos a un sector y práctica en crecimiento llamado inversión de impacto.

¿QUÉ ES LA INVERSIÓN DE IMPACTO?

La inversión de impacto es un intento por alinear el dinero con los valores. Es la práctica de escoger inversiones con fines de lucro, a la luz de una creciente conciencia de los resultados sociales y ambientales de dichas inversiones. Es un concepto simple, pero muy poderoso, que atiende el problema fundamental de la segmentación de la economía hacia la actividad caritativa. En lugar de jugar con los cuarenta y seis mil millones que constituyen el gasto anual de la filantropía, podemos dirigir hacia la justicia social los ciento noventa y seis billones de dólares que circulan en la economía mundial todos los días. La inversión de impacto significa que, en lugar de luchar contra la pobreza con las manos atadas y de dividir el mundo entre negocios —lo que percibimos estrechamente como una fuerza que destruye a las personas y al planeta— y la filantropía —que son las migajas de la economía convencional diseñadas para salvarnos— podemos enfrentar el problema con todas las fuerzas que tenemos y llevar a todos los recursos de la sociedad para sostener y reconstruir una economía que sea sustentable, generativa y justa.

En la práctica, esto significa que, en lugar de depositar dinero en inversiones petroleras, podemos optar por financiar energías renovables y proyectos que apoyen la idea de una transición justa de los combustibles fósiles a los renovables. Significa que, en vez de guardar dinero en un banco global que participa de prácticas depredadoras, podemos optar por mantener nuestros ahorros en una institución basada en la comunidad y que apoya a pequeñas empresas y viviendas para personas de bajos ingresos. Significa también que podemos hacer que las instituciones rindan cuentas —ya sean fondos de pensión, bancos o fundaciones— cuando en su autodefinición, en sus estatutos o en su misión estipulan que invierten para el beneficio de sus clientes.

El término *inversión de impacto* lo inventó y popularizó la Fundación Rockefeller, que trabajó incansablemente para educar a los filántropos e inversores sobre el potencial de este nuevo ámbito.[8] Si bien el activismo de accionistas, los fondos seleccionados y otras herramientas para buscar el impacto dentro de las acciones públicas habían existido durante décadas, los cimientos de la inversión de impacto como un enfoque completo al manejo de las carteras de inversiones que pudiera aplicarse a toda la economía era algo nuevo y ambicioso cuando la Fundación Rockefeller comenzó estos esfuerzos en el 2007.[9]

Los orígenes de la inversión de impacto se remontan a mucho antes, a las políticas de inversión de los cuáqueros en el 1758, cuando rehusaban a participar de la trata esclavista.[10] En una sociedad cada vez más capitalista, en la que se tomaban decisiones basadas únicamente en el rendimiento financiero, los cuáqueros iban en contra de la corriente y comenzaron a vincular sus decisiones financieras a sus valores. Se negaban también a apoyar "males sociales" como el alcohol, el tabaco y las armas de fuego. Este punto de vista fue adoptado por varias otras denominaciones religiosas como los metodistas y algunos grupos católicos, pero por lo general esta práctica se limitó a una minoría religiosa y nunca se adoptó como un principio social más generalizado.

Sin embargo, en la última década las grandes corporaciones e instituciones financieras han vuelto a comprometerse con las cuestiones sociales y medioambientales y empiezan a reconocer el hecho de que no pueden seguir desempeñando sus actividades empresariales como de costumbre en un mundo que puede desaparecer. En un mundo en el que la brecha se amplía cada vez más entre una élite muy pequeña y rica y el resto de las personas, y en el que las innovaciones tecnológicas han sido insuficientes para garantizar la salud del planeta a largo plazo. Aunque distintas comunidades tienen diferentes interpretaciones de las razones de estos cambios sociales, económicos y ambientales, y proponen soluciones filosóficas, políticas y prácticas muy distintas, nos encontramos en un momento histórico en el que una cantidad inusualmente alta de personas de diferentes trasfondos están profundamente preocupadas con la pregunta sobre cómo transformaremos la economía global. La inversión de impacto usa a su favor este momento y esa energía para impulsar nuevas soluciones.

UNA NOTA PARA LOS ESCÉPTICOS (Y PARA LOS PARTIDARIOS)

Hay muchas razones importantes para que tanto los inversores como los activistas se muestren escépticos en cuanto a las inversiones de impacto. Irónicamente, muchas de las personas que rechazan de plano este concepto, incluso antes de explorar su potencial, tienden a hacerlo por razones exactamente opuestas: piensan que la propuesta es defectuosa ya sea porque no genera suficiente dinero o porque su fin es ganar dinero.

A los inversores les preocupa que las inversiones de impacto sean, sencillamente, malas inversiones. Piensan que no generarán el valor o las ganancias necesarias para financiar actividades cruciales y, desde esa perspectiva, que no cumplirán con los beneficiarios previstos. Por ejemplo, un fondo de retiro no les trae muchos beneficios a las personas si su valor no crece.

A los activistas les preocupa que la inversión como estrategia no pueda escapar a su historia como un instrumento de un sistema económico cuya tendencia es concentrar el poder en manos de unos pocos privilegiados que luego explotan a aquellos que no tienen poder, y que han ignorado las consecuencias que tiene para la humanidad y el planeta.

Incluso pueden sentir que las inversiones, cuando están enfocadas en hacer un bien social, siguen siendo defectuosas estructuralmente ya que perpetúan un sistema extractivo que utiliza el dinero para ganar más dinero, independientemente de si crea valor para otros en el proceso.

Los defensores de la inversión de impacto deberían tomar en serio estas dos preocupaciones. Por lo tanto, antes de continuar una narrativa que presume en gran medida que esta inversión tiene un gran potencial para ser una herramienta para lograr cambios sociales transformadores, quisiera abordar profundamente estas críticas habituales.

¿PUEDEN GENERAR DINERO LAS INVERSIONES DE IMPACTO?

Los inversores a menudo rechazan las inversiones de impacto porque presuponen que no generan dinero de manera tan eficiente como las inversiones tradicionales. Lo fundamental es ganar dinero y lograr cambios es un trabajo de caridad. Por lo cual, argumentan, las inversiones deberían facilitar ganar tanto dinero como sea posible, permitiendo que la caridad regale lo más posible. Mezclar estos dos postulados hacen que ambos sean menos eficientes, ya que cumplen funciones muy diferentes. Como Marc Andreesson, de la firma de capital de riesgo Andreesson Horowitz, dijo sobre la inversión de impacto: "Es como una casa flotante. No es una gran casa ni un gran barco".[11]

Este argumento parte de que los mercados son la forma más eficiente de distribuir recursos y que, por esa razón, debemos admitirles que vayan totalmente a su ritmo y que luego enmienden sus errores con la filantropía (e idealmente, un cierto grado de política y regulaciones para las gradas). Eso en sí mismo es una idea que se debe de cuestionar. Sin embargo, primero tomemos en serio la tendencia de que algunas instituciones necesitan ganar dinero para servir a sus miembros y que hasta pueden estar obligadas por ley a demostrar que han hecho lo mejor que pueden para lograrlo. A aquellos que dudan que las inversiones de impacto puedan ganar dinero tan bien como lo hace el sistema tradicional les pediría que piensen como un buen inversor y busquen el historial de las inversiones tradicionales y las comparen relativamente con el de las inversiones de impacto.

Desde una perspectiva macro es imposible ignorar que, si bien el sistema financiero ha permitido a ciertos sectores de la sociedad a hacerse ricos a corto plazo, el crecimiento interminable fundamentado en el uso ilimitado de los recursos naturales y de la mano de obra barata infinita es, sencillamente, insostenible. Esa fue una gran estrategia durante uno o dos siglos, pero hasta las instituciones más conservadoras reconocen que esos tiempos se acabaron.

Mike Musuraca, quien fuera un síndico designado del del Sistema de Retiro de Empleados de la Ciudad de Nueva York (NYCERS) durante más de una década, solía decir que, independientemente de cualquier postura moral, su organización no podía darse el lujo de ignorar los resultados sociales y ambientales del sistema financiero. Con más de cuarenta mil millones en activos, NYCERS eran esencialmente los dueños de todo el mercado y, por tanto, si una corporación particular "externalizaba" su costo social o medioambiental, NYCERS iba a tener que asumir este peso en algún otro lugar de su cartera de inversiones.[12]

Si incluso los propietarios de activos más grandes del planeta —NYCERS, CalPERS, etc.— sienten que el sistema actual no está funcionando a su favor, entonces algo anda muy mal. Si simplemente profundizan su experiencia en la gestión financiera sin considerar el impacto social y ambiental de las inversiones, sus servicios serán limitados solamente a los propietarios astutos de activos.

Desde una perspectiva micro, incluso si usted excluyó las externalidades y solo se centró en el historial financiero, ha habido estudios tras estudios que demuestran que las inversiones de impacto han podido superar al mercado con menores niveles de volatilidad. Esto se demuestra en todas las formas de activos y a través de enfoques fundamentados en las carteras de inversiones y como tal se señalará a lo largo del libro.[13]

Para comenzar con un ejemplo de un tipo de activos, algunos segmentos de la industria de las inversiones, como el capital de riesgo, han hablado mucho, pero han producido un rendimiento limitado. En el 2006, el *Harvard Business* Review que: "Los fondos de capital de riesgo no han superado considerablemente a los mercados públicos desde fines de la década de 1990, *y desde 1997 se ha devuelto menos efectivo a los inversores de capital de riesgo de lo que han invertido.* Un pequeño grupo de empresas de alto rendimiento sí generan grandes 'tasas de rendimiento de riesgo': al menos el doble del capital invertido, neto de comisiones. No sabemos, en definitiva, cuáles empresas están en ese grupo, porque los datos de rendimiento generalmente no están disponibles y no se reportan de manera consecuente. *Sin embargo, el fondo promedio, solo cubre los gastos o pierde dinero*" (énfasis de la autora).[14]

La Fundación Ewing Marion Kauffman, la primera institución de investigación de este ámbito, concluyó algo más optimista: "El fondo de capital de riesgo promedio no logra devolver el capital de los inversores después de pagadas las comisiones".[13]

Si esa es la tasa de mercado para inversiones de tipo de riesgo, entonces cumplir o superar la tasa de mercado no debería ser un reto demasiado sustancial. Ahora bien, si el único objetivo de la inversión debe ser ganar tanto dinero como sea posible, es una noción que vale la pena considerar. En cambio, si su instinto es descartar las inversiones de impacto fundamentándose en la tasa de rendimiento, puede que este no sea su mejor argumento.

También me gustaría contrarrestar el comentario de la casa flotante de Marc Andreesson con la sabiduría apócrifa de Warren Buffet. Durante una conferencia en una facultad de empresas, un estudiante le preguntó a Buffett que si se deseaba tener un impacto social positivo tenía sentido ganar un montón de dinero lo más rápido posible y después regalarlo. Se dice que Buffett le respondió: "¿No es eso un poco como ahorrarse el sexo para la vejez?"[16]

He conversado con tantos asesores financieros durante el curso de mi carrera que se sienten motivados por la idea de que pueden tener una carrera con sentido hoy y no solo después de la jubilación. No es casualidad que en la Escuela de Negocios de Harvard el Club de Empresas Sociales se haya convertido en uno de los más grandes, con un evento anual que atrae a más de 1,500 participantes; o que más de 100,000 estudiantes en todo el mundo se hayan unido a Net Impact, la asociación para estudiantes de facultades de empresas que buscan tener carreras profesionales que tengan algún impacto.[17]

Si estas personas se quedarán cortas y solo se enfocarán en "salir bien haciendo el bien", en vez de buscar un cambio transformador, es una gran pregunta. El reto para el inversor o empresario no es solo si podrán tener un impacto en su carrera, sino si podrán verdaderamente sacarle el máximo a su potencial para lograr un impacto.

LAS INVERSIONES DE IMPACTO ¿DEBERÍAN GENERAR DINERO?

Las personas que tienen un sentido profundo de compromiso con la justicia social a menudo rechazan la idea de las inversiones de impacto simplemente porque generan ganancias. Dado a que a lo largo de la historia la inversión se ha utilizado para concentrar las riquezas —y, como resultado, la alta concentración de riquezas en la sociedad actual—, muchos sienten que cualquier estructura que les permita a los ricos acumular más riquezas, incluso si se cumple con algún propósito social en el camino, hace que las inversiones no puedan ser transformadora por definición.

Antes de que incluso toquemos la cuestión de la inversión de impacto, hablemos por un momento acerca de lo que realmente es una inversión. Las inversiones, en su nivel más básico, están diseñadas para tomar recursos y convertirlos en más recursos.

Esto está vinculado con una práctica muy antigua del comercio: el intercambio de bienes y servicios que supone que todos en la interacción sientan que su tiempo y sus recursos se han valorado y comercializado de manera justa. El intercambio no es algo malo, especialmente a dado lo útil que puede ser la especialización en una sociedad. Yo podría disfrutar de la jardinería y pudiera alimentarme a mí misma bastante bien gracias a ella, pero cuando llegue la revolución, de veras que espero que no tenga que hacer mis propios zapatos. No conozco una sociedad donde el comercio y la inversión no sean conceptos centrales. Ya sea recolectando semillas o sembrando frutas, o construyendo un barco con el cual pescar por los próximos diez años, usar recursos un día e intentar cosechar más recursos para el próximo parece ser una piedra angular del esfuerzo y de la prosperidad humana. Incluso los agricultores que viven de sus cosechas en las áreas rurales tienen que producir más de lo que ellos mismos comen si quieren vender su excedente para poder pagar la educación de un hijo, comprar ropas o medicinas, o simplemente sobrevivir a una temporada en la que las cosechas no sean fructíferas. Si se saca la explotación de la inversión se puede obtener algo bastante útil.

Sin embargo, a lo largo de la historia e incluso hoy en día, la inversión se ha ganado una reputación —con razón— de ser un importante contribuyente a la desigualdad global. Podemos —y debemos— debatir sobre los méritos de quién tiene dinero, quién no tiene dinero y cómo las estructuras de inversión han estado entre las innovaciones más efectivas del mundo occidental para consolidar la desigualdad con respecto a la raza, el género y la clase social. No olvidemos, por ejemplo, que los fundamentos de la financiación comercial moderna fueron diseñados para facilitar la esclavitud.[18] Supondré que mi lector está de acuerdo con la idea de que la desigualdad estructural no es solo económica, sino social, política y cultural. No es solo moralmente deplorable, es también nuestro mayor obstáculo para progresar como especie y ya no merece ser el objetivo de las finanzas.

Así que, si la inversión tiene el potencial de ser un instrumento útil, pero ha sido secuestrada en gran parte durante los últimos quinientos años para que sirva como una herramienta para la concentración de la riqueza, ¿entonces la inversión de impacto es una manera de devolver la inversión a sus orígenes en el intercambio humano y en la acumulación (razonable) de recursos? ¿O es simplemente otra forma de cambiarle la fachada al mismo proyecto de robo a nivel mundial? ¿Es posible desvincular la inversión del proyecto general de reforzar la desigualdad?

Yo diría que la inversión, y el comercio en general, es una herramienta neutral, pero que dado a su legado histórico necesita una guía *excepcional* para tener éxito en no propagar la injusticia. Así como la ausencia de un gobierno efectivo a nivel mundial no nos lleva a la mayoría de nosotros a respaldar la anarquía, la falta de sistemas económicos efectivos debería conducirnos a buscar sistemas más efectivos y prácticas apropiadas para la comunidad, no a eliminar la idea de la inversión.

Tendríamos problemas para existir como una sociedad sin alguna forma de economía colectiva que invierta en sí misma para crecer. Usar recursos comunales para crear más recursos es, por lo general, algo bueno cuando se maneja de manera responsable. Vemos esto en juego en la diversidad de lo que se ha convertido la inversión, y en la variedad de circunstancias en las que se produce. Ocurre en los fondos de pensiones que permiten que los maestros, bomberos, funcionarios públicos y otras personas de ingresos medios se jubilen a una edad razonable. Cuando las personas le temen a la erosión del sistema de seguridad social (y su red de seguridad), deben reconocer que su solvencia se basa en las inversiones. Sucede en el contexto de las cooperativas de ahorro y crédito, que ayudan a que los agricultores cofaciliten su supervivencia al invertir entre sí y compartir los recaudos de estas inversiones de manera tal que nadie sea explotado. He visto a muchos activistas favorecer este tipo de sistema de apoyo financiero mutuo, solo sin llamarlo "inversiones" o reconocerlo como una implementación más justa de esta antigua herramienta. También se manifiesta con instituciones y personas adineradas que toman decisiones sobre cómo se utilizan los fondos de sus inversiones. Finalmente, sucede igual en el caso de las fundaciones, que pueden optar por reciclar los ingresos de inversión en contribuciones más filantrópicas o inversiones sociales.

En este sentido podemos redefinir nuestras preguntas. No es si la inversión es buena o mala, sino más bien qué recursos se están creando a través de las inversiones. ¿Son buenos para las personas y el planeta? ¿Quién está ganando dinero de las inversiones y qué es lo que están eligiendo hacer con ese dinero?

Invito a las personas a que consideren profundamente estas preguntas y a que reten a los inversores con ellas.

Tenemos que volver a ellas cada vez que se haga una inversión de impacto y, desde mi punto de vista, estructurar nuestras inversiones para intentar, ante todo, crear valor para aquellos a los que se les ha privado históricamente del acceso a estos recursos. Asimismo, debemos trabajar para recuperar estos recursos para que cada vez más sirvan a más comunidades.

Es cierto que algunas personas van a generar más riquezas en este proceso y que "cuánto es suficiente" es una pregunta social fundamental que vale la pena abordar. Si el sistema de creación de riquezas es eficaz y accesible para todas las personas es otra cuestión crucial por considerar.

Ahora bien, aunque sea esencial que examinemos detenidamente quién se beneficia a raíz de una inversión, el hecho de que las inversiones ganen dinero no es un argumento válido para evitar participar de las inversiones de impacto. No eres necesariamente malvado si ganas dinero con una inversión. De igual manera, no eres necesariamente virtuoso si regalas dinero. Sin embargo, tienes muchas decisiones que tomar si deseas saltar a la inversión de impacto y potenciar, en lugar de explotar, a las personas en el proceso.

Ambas perspectivas se relacionan con la cuestión de cómo definimos la "tasa de mercado" para el campo. Mientras hablan entre ellos, los inversores de impacto tienden a dividir el universo en dos categorías: "tasa de mercado" y "por debajo de la tasa de mercado". Esta distinción, por supuesto, plantea las siguientes preguntas: ¿Qué es la tasa de mercado? ¿Qué tiene que ver con las inversiones sociales?

Por lo general, la tasa de mercado se define como el rendimiento típico que un inversor recibirá por una clase de activos en cualquier sector o región geográfica. Las inversiones subyacentes que ayudan a determinar el punto de referencia pueden incluir, de nuevo, inversiones en cosas verdaderamente despreciables como prisiones, fábricas que usan mano de obra explotada, ventas de tierras que desplazan a los pequeños agricultores y así por el estilo. ¿Es esto realmente lo que queremos como nuestro parámetro de comparación? ¿O deberíamos comenzar por pensar en un *rendimiento razonable* que cree beneficios a largo plazo para todos? Esta redefinición de lo que constituye un rendimiento exitoso de una inversión social podría ser radical, pero si de veras queremos crear una sociedad más justa tendremos que comenzar por cambiar las reglas del juego.

En este nuevo juego, la buena noticia es que todavía tenemos la oportunidad de obtener ganancias. La idea es que *todas* las partes involucradas en una interacción deben obtener rendimientos que sean honestos, transparentes y proporcionales a sus esfuerzos.

DE HACER EL AMOR Y NO LA GUERRA

Como activista económica recién comprometida con la Coalición de Dotaciones Responsables, me emocioné cada vez más con el progreso de este nuevo campo llamado inversión de impacto. Así que, cuando llegó el momento de que saliera de REC, asumí el papel de ser directora ejecutiva fundadora de Toniic, una empresa social sin fines de lucro que ha crecido para apoyar a más de trescientos inversores de impacto que buscan dedicar más de cuatrocientos cincuenta mil millones de dólares a la inversión de impacto.

Toniic comenzó centrándose en acuerdos de etapas iniciales y durante tres años y medio como presidenta, supervisé quinientos acuerdos y contribuí a dirigir inversiones en treinta y tres empresas. De inmediato nos expandimos para tener una cartera completa de inversiones y nuestro trabajo se enfocaba en lograr inversiones de impacto en todo tipo de activos. En general, esos años me brindaron una fantástica introducción al mundo de la inversión de impacto y me convencieron cada vez más de su potencial.

Una de las razones por las que me mudé de REC a Toniic era que, aunque todavía estaba inspirada por la idea de usar los dólares en inversiones para crear un impacto, estaba cansada de estar peleando todo el tiempo. A pesar de los avances logrados por REC para lograr que las empresas cambiaran sus prácticas, no habíamos cambiado fundamentalmente las prioridades en su búsqueda de riquezas por sobre todas las cosas. Para la mayoría de las compañías, los resultados sociales y ambientales positivos todavía eran algo tangencial a su enfoque principal: eran algo agradable si no los inhibía de amasar riquezas, pero no era un enfoque primordial. Yo no quería solo hacer la guerra, sino hacer el amor. Quería ser alguien que no solo se enfocaba en lo que estaba mal con el mundo, sino que también participaba de la construcción de alternativas viables a nuestro sistema económico actual. Como muchos activistas, había pasado tanto tiempo con el corazón roto por causa de lo que estaba mal en el mundo, que mi capacidad de imaginar un futuro más brillante se había esfumado.

Este deseo de enfocarme más en las soluciones estaba relacionado con la evolución de mi pensamiento sobre la "pobreza" —lo que comencé a entender como una crisis de autonomía, tanto individual como colectiva— y qué se requería para resolverla. Incorporé más a fondo la idea de que la pobreza no se trata de si tienes un televisor o no, o si en general cumples con un conjunto específico de estándares establecidos por una autoridad externa, sino que más bien es algo profundamente personal. Se trata de si tienes o no la oportunidad de escoger: ¿puedes tomar decisiones fundamentales sobre cómo vivir tu vida? ¿Tienes autonomía cultural, política, social y económica? ¿Se satisfacen tus necesidades básicas de una manera que incluso te permita respirar y considerar otros elementos de la vida más allá de la supervivencia diaria?

Una y otra vez sentía que la autonomía económica era el factor esencial para actualizar diversas formas de autonomía comunitaria. Cuando alguien tiene sus propios recursos, está menos sujeto a que otra persona le diga cómo vivir, qué religión debe practicar, cuándo y cuánto trabajar, y cosas por el estilo. Tener tus propios recursos también te permite el espacio mental para ser creativo y comprometido. Por lo tanto, en lugar de luchar contra la pobreza, mi nuevo objetivo era tratar de mejorar la autonomía de la comunidad y, específicamente, la autonomía económica, tanto a nivel nacional como global.

Así que me encaminé con mi nueva y grandiosa meta, pero no estaba segura de cómo alcanzarla. Como nos enseña la historia del colonialismo, el que una potencia global decida de repente que la comunidad a la que han estado robando a ciegas durante siglos sea ahora autónoma garantiza el fracaso de esa comunidad. Así que mi tarea específica se convirtió en: *¿Cómo se pueden reemplazar los recursos históricamente robados dentro de las comunidades, de manera que se mejore la autonomía?*

Las inversiones me parecieron la manera efectiva para conseguir este objetivo. En lugar de mantener a las comunidades dependientes de las donaciones, el poder de la inversión es el que pone en sintonía a la comunidad y al inversor en torno a un objetivo común: la sostenibilidad y la autosuficiencia a largo plazo.

Como una explicación a nivel micro del poder de la inversión de impacto considere dos casos (sobre simplificados) de cómo abordar un proyecto agrícola en Ghana.

En el modelo 1, una ONG local le entrega tractores gratuitos a una comunidad agrícola en zonas rurales de Ghana. Para recibir los fondos anuales necesarios para mantener los tractores y comprar otros insumos, como las semillas, la comunidad debe solicitar a alguien en la oficina del donante en Nueva York que proponga lo que ellos creen que necesitan y negocie con el donante, quien puede estar en desacuerdo y proponer una alternativa de acuerdo con lo que cree que es mejor, o plantear ciertas condiciones para el donativo. El dinero se distribuye según el criterio del funcionario del programa y el universo restringido en el que debe operar, hasta que el presidente de la fundación decida que la nueva área de necesidad es la India. El proyecto en Ghana se abandona y los tractores caen en desuso.

En el modelo 2, el inversor y la comunidad en Ghana trabajan juntos para encontrar el tipo de negocio apropiado para los agricultores. ¿Cuánto aumentarán los tractores su productividad y, por lo tanto, qué tan rentables pueden ser? ¿Cuánto necesitan para poder pagar el mantenimiento y los insumos a largo tiempo? Los tractores se compran a través de un préstamo y el pago del préstamo requiere que se adopten buenas prácticas de contabilidad. Esto ayuda a que los agricultores aprendan cómo administrar mejor su flujo de efectivo, lo que demuestra ser útil no solo para el préstamo, sino también para estar preparados para los principales gastos del hogar, como las cuotas escolares. Después de cinco años, el préstamo se paga y los agricultores tienen ingresos suficientes para comprar sus propios insumos. El inversor puede irse a financiar otra comunidad o quizás incluso permitir que esos fondos originales se configuren como un fondo de préstamo a largo plazo, bajo el control de la comunidad inicial. En ese momento, el inversor no podrá opinar sobre las decisiones de los agricultores a menos de que se le invite expresamente a que asuma un papel. Idealmente, llegados a ese punto, la experiencia del inversor deberá haberse probado como un insumo deseado más que uno impuesto. Incluso más importante, algunos de esos recursos históricamente robados se habrán repuesto en la forma de riqueza comunitaria.

Sería ignorante decir que las dinámicas de poder están completamente ausentes en el modelo 2. No podemos negar la historia y la realidad de quién tiene recursos hoy en día. También sería incorrecto decir que el modelo 1 no tiene ningún impacto positivo a corto plazo. La distinción crucial en el modelo 2 es el *resultado sistemático y a largo plazo:* la transición de la toma de decisiones, las habilidades y los activos de pocas manos a muchas, y la manera en la que se establece una comunidad o nación para una sociedad mucho más equilibrada.

Entonces, aquí es donde mi historia se aleja un poco de la narrativa clásica de que "el trabajador de ayuda descontento decide que las soluciones del mercado son una forma superior de desarrollo", un marco ideológico que a menudo se reitera en el mundo de las inversiones de impacto. No me interesaba replicar los mercados de estilo estadounidense en todo el mundo (ni siquiera alentar su continuación dentro de los Estados Unidos, dicho sea de paso). Replicar los mercados que son extractivos y abusivos por naturaleza en otros entornos solo cimentará los desequilibrios de poder y recursos que se han convertido en una característica, o digamos, una "externalidad inevitable" del sistema estadounidense.

Lo que *sí* vi en la inversión de impacto fue el potencial para reponer recursos de una manera que construye el poder y la autonomía de la comunidad para crear nuevos modelos de negocios que prioricen el bienestar y la "felicidad nacional bruta" (como dicen en Bután) y para aprovechar los beneficios de la creación de activos comunitarios, en lugar de la extracción de riquezas. Ahora bien, cómo pasar de la visión a la práctica real... Es ahí donde comienza el reto

CAPÍTULO 3:
LAS LIMITACIONES DE LA INVERSIÓN DE IMPACTO

Justo cuando comenzaba a ver el potencial de la inversión de impacto como una herramienta de transformación y empoderamiento, me daba cuenta de que, en realidad, todavía no era un objetivo central para el sector. Mientras más me involucraba, más claro veía que la industria estaba simplemente recreando el mundo financiero tal y como era, pero con un leve toque social. "Ganar dinero haciendo el bien" es una forma de comenzar, pero se necesita construir algo nuevo cuyo propósito *principal* sea resolver los problemas sociales a través de modelos rentables y sostenibles. Existían muchas y nuevas actividades de inversión, diferentes clases de activos, de geografías y de sectores, pero había poca evidencia de que hubiera un cambio sistémico. La funcionalidad seguía a la forma y algo se estaba perdiendo en el camino.

En el afán de reconciliar estas contradicciones tomé los siguientes pasos: establecer un marco para el funcionamiento de la propuesta que mejorara de veras la autonomía comunitaria y, por extensión, luchara contra la pobreza en todas sus formas. Empecé a reconocer las tendencias en la industria que limitaban el potencial de la inversión de impacto de lograr un cambio transformador, muchas de las cuales se manifiestan hasta el día de hoy. Estas son tendencias generales y no aplican en todos los casos, pero he observado su práctica con bastante frecuencia durante la última década y me temo que se convertirán en algo endémico por inercia a no ser que las enfrentemos de forma colectiva.

Los inversores que se involucran en este mundo de transformación en su mayoría son personas con buenas intenciones que se toman en serio la labor de ayudar a las comunidades pobres y fortalecer los ecosistemas del planeta. Al mismo tiempo, son profesionales responsables que generan recaudos para ellos, sus empresas y sus clientes. No obstante, hemos heredado una larga historia de relaciones desequilibradas alrededor del dinero y, por lo tanto, muchas veces somos inconscientes de que compartimos una serie de suposiciones y procedimientos operacionales convencionales que anulan la fuerza del impacto e inhiben cualquier tipo de transformación económica genuina. Aunque el ámbito de la inversión de impacto tenga un potencial tremendo, tenemos que proceder con cautela, particularmente cuando se trata de los siguientes ocho aspectos.

1. Los inversores y los emprendedores se benefician a costa de las comunidades

Por muchos años el objetivo de este modelo de inversión ha sido tener impacto social y, a su vez, generar el mismo rendimiento sobre la inversión que se logra en los mercados convencionales. Pero si su aplicación va a contrarrestar las inequidades sistémicas, es necesario analizar quién tiene participación propietaria y quién controla a las empresas sociales o, por el contrario, quién se beneficia de ello. *Si los propietarios de las empresas sociales se limitan a grupos privilegiados*, entonces será muy difícil imaginar que la inversión de impacto pueda beneficiar a las comunidades o que pueda facilitar algún tipo de transferencia de recursos desde el norte hacia el sur global (o, por lo general en cualquier nación, de los ricos a los pobres).

Si las estructuras de participación propietaria se ignoran, entonces por definición estas inversiones tienen que estar extrayendo valor y, por lo tanto, repitiendo el ciclo de explotación que, con nombres diferentes, se ha aplicado durante décadas. La reiteración del *statu quo* de la desigualdad de recursos es especialmente obvia en el contexto de proyectos cuyas partes interesadas ven a las comunidades pobres apenas como consumidores en vez de como participantes en todos los aspectos de la economía. Hay una cierta tensión implícita (aunque no se reconozca a menudo) dentro de la inversión de impacto en cuanto a cuánto se les paga a los productores, cuánto los consumidores pagan por los productos y cuánto los empresarios y los inversores pueden generar o esperar generar a lo largo del tiempo.

La rentabilidad, por supuesto, es esencial para asegurar la sostenibilidad a largo plazo de cualquier empresa. Los recaudos son fundamentales también para las empresas sociales, pero es mucho menos transformador cuando la propiedad y, por consiguiente, el derecho a participar de las ganancias, está limitada a una élite global en vez de que se comparta más ampliamente. Los inversores de impacto deberían reconocer este riesgo y establecer acuerdos que aseguren que las ganancias se repartan de forma más equitativa y que las soluciones sean estructuradas para tener impacto a largo plazo.

2. El impacto lo definen los inversores y los empresarios en vez de los beneficiarios

La inversión de impacto ha evolucionado de arriba hacia abajo como industria, siendo los inversores los que establecen los criterios para el impacto y el rendimiento, así como las consecuencias que se filtran hacia abajo desde los gestores de fondos a los empresarios sociales y las comunidades. Esta estructura provoca básicamente que sea imposible que las comunidades definan la agenda de acuerdo con sus necesidades. Hay empresarios bien intencionados que tienen a limitar la implicación de la comunidad en la investigación de productos, como por ejemplo en la realización de grupos focales para hacer estudios del mercado, en vez de crear la infraestructura necesaria para una participación a largo plazo y de desarrollo de liderazgo comunitario según las prioridades de la propia comunidad. Incluso si estos buscan establecer una relación diferente y más profunda con la comunidad —a la que casi nunca se le proveen el tiempo o los recursos necesarios para hacerlo— de seguro van a encontrar dificultades para encontrar fuentes de recursos dispuestas a apoyar el proceso.

Suelo participar todos los años de dos o tres conferencias sobre inversión en impacto —incluyendo la Conferencia de Mercados de Capital Social (SOCAP, por sus siglas en inglés), el evento de empresas sociales más grande en los Estados Unidos— y también en algunas conferencias de "movimientos sociales", como el Foro Social Mundial, que es el encuentro más grande de movimientos de base. A lo largo de los años he tenido muchas veces que costear mi participación en las conferencias de justicia social, ya que no siempre se percibían como algo "esencial para los negocios", pero sentía que mantener alguna línea de comunicación y de responsabilidad con los movimientos sociales era crucial para nuestro trabajo de inversión. Me rompía el corazón ver que, vez tras vez, era la única inversora en esos eventos. Quizás por la historia de desconexión entre los dos grupos, algunas veces los activistas llegaban a preguntarme de manera un poco hostil que qué hacía allí.

Era increíble lo poco que se interconectaban las conversaciones en las conferencias de inversiones de impacto y de justicia social. Los inversores hablan sobre cosas como "FinTech" —tecnología financiera—, y de "tecnologías de la información de cuidados de la salud", que son términos difíciles de descifrar si uno no formase parte del ecosistema de Silicon Valley. Los líderes de las luchas por la justicia social, en tanto, hablaban sobre la "acaparamiento de tierras" y de "racismo medioambiental", frases que tal vez sean igualmente incomprensibles para el inversor común y corriente. Si los inversores no son conscientes de primera mano y no están conectados con las prioridades de los movimientos sociales, ¿cómo van a poder establecer efectivamente sus prioridades?

Algunos inversores hacen un trabajo ejemplar a la hora de conectar con las comunidades y demuestran que es posible desarrollar modelos de impacto que pudieran adaptarse en respuesta a necesidades de la comunidad. Por ejemplo, la

Fundación John D. y Catherine T. MacArthur hace donativos desde el 2012 a dirigidos a atajar tanto la política migratoria de los Estados Unidos y la migración mundial, e implementan estrategias diseñadas para hacer "mejoras fundamentales en las políticas y prácticas de migración".[1] Sus aliados donatarios hicieron mucho del trabajo de base para el anuncio sobre inmigración hecho en el 2014 por el presidente Barack Obama, que expandía la Acción Diferida para las Llegadas Infantiles (DACA, por sus siglas en inglés) y creó el programa Acción Diferida para Padres de Americanos (DAPA), que básicamente abría las puertas para que más de cuatro millones de estadounidenses recibieran un permiso de trabajo y un camino para la ciudadanía en lo que el propio Obama mismo describió como la oportunidad para "salir de las sombras".

Esta oportunidad entusiasmó a muchas familias inmigrantes, pero no salió nada barato: requería que se pagara una cuota de solicitud de 465 USD$ por persona y, a menudo, alguna consulta con un abogado para asegurarse de que todo se manejara de la forma debida. Como resultado, el solicitante promedio necesitaba al menos mil dólares para poder participar. Esta cantidad estaba fuera del alcance de muchos inmigrantes en precariedad económica.

Los donantes de la comunidad les plantearon este problema a los miembros de una alianza llamada Grantmakers Concerned with Immigrant Refugees (Donantes Consternados con los Refugiados Inmigrantes o GCIR, por sus siglas en inglés). El director de GCIR procuró la ayuda de la Fundación MacArthur. Los directivos de la fundación se dieron cuenta de que era una gran oportunidad para que el capital de impacto apoyara un producto que respondiera a las necesidades de una comunidad en un tiempo razonable. Ya que se ha demostrado que los permisos de trabajo han permitido un aumento considerable de los ingresos de los trabajadores inmigrantes, tenía sentido que un préstamo pudiera estructurarse de manera tal que no sería una carga demasiado pesada y que pudiera, a fin de cuentas, permitirles a los participantes a que lograran guardar dinero.

Luego la fundación MacArthur, se dirigió a la Self-Help Federal Credit Union, que tenía una experiencia probada de trabajo con las comunidades latinas de todo el país. Self-Help ya había desarrollado un producto así como parte de su variedad de servicios financieros para inmigrantes de bajos recursos. MacArthur ofreció juntar inversores para apoyar a que Self-Help expandiera sus productos de préstamos DACA/DAPA. Los préstamos vendrían acompañados con la oportunidad de abrir una cuenta bancaria en Self-Help para que los clientes de bajos ingresos se relacionaran con una institución financiera de base comunitaria enfocada en atender sus necesidades, en vez de ir a prestamistas con dinero rápido que están diseñados para extraerle valor a las comunidades de bajos ingresos. MacArthur era consciente de que el préstamo a Self-Help tenía que ser a largo plazo, pero —a sabiendas de que otros inversores no iban a poder aguantar tanto tiempo— se ofreció para servir como barrera y, si fuese necesario, "liquidar" a aquellos inversores antes de que se cumpliera el término de los diez años del préstamo.

Desafortunadamente, el futuro de DACA/DAPA se hizo más incierto incluso durante la administración de Obama y, trágicamente, para el tiempo en el que este libro llegue a sus manos, estos programas quizás ni existan. A pesar de todo, me encanta esta historia porque destaca tres prácticas diferentes que más inversores deberían imitar:

- MacArthur respondía a una necesidad muy actual, amplia y tangible articulada por los aliados de base, a través de un grupo afín financiador que se posicionó para escuchar de verdad a los grupos en vez de establecer sus propias prioridades y después buscar instituciones en las que invertir.

- MacArthur aprovechó la oportunidad para no solo resolver una cuestión a corto plazo (los préstamos DACA/DAPA), si no para dar un paso más allá para intentar responder a la cuestión más *sistémica* y a largo plazo, que es la falta de relaciones bancarias positivas accesibles para las comunidades de inmigrantes.

- MacArthur estipuló términos de inversión que tenían sentido para su socio, la Self-Help Federal Credit Union, de manera que valiera para sus clientes de ingresos bajos. Después pensó cómo hacer para que también funcionara para los inversores, en vez de adjudicarle esta la responsabilidad a la institución.

Es este tipo de diseño de producto de "abajo hacia arriba" el que puede dar forma a la industria de la inversión de impacto, para que sea realmente sensible a las necesidades comunitarias y en una relación dinámica con el cambiante panorama político y financiero que encaran las comunidades.

3. La inversión de impacto consigue las "victorias fáciles": celebrar el cambio incremental en vez de reestructurar los sistemas económicos

El fenómeno de la "victoria fácil" es visible en la mayoría de los sectores de la inversión de impacto; desde los precios de los productos de microfinanzas hasta la generación de empleos. Fundamentalmente, se trata de una consecuencia de cómo se define el impacto a grandes rasgos.

Algunas de las instituciones financieras más grandes que se adentran en la inversión de impacto han hecho declaraciones públicas en las que definen como impacto sencillamente a cualquier inversión que hacen en un país en vías de desarrollo o, como normalmente se les llama en el norte global, en un "mercado doméstico emergente". La lógica detrás de esto es que cualquier inversión mínimamente va a generar empleos para la gente pobre. Sin embargo, las muchas comunidades que han sufrido la extracción de sus recursos naturales, que han sido desplazadas y que sufren condiciones laborales infrahumanas saben que el precio que pagan por algunos empleos es demasiado caro y que el típico empleo de bajo sueldo que se ofrece solo sirve para cimentar los ciclos de pobreza.

Aun así, un porciento elevado de inversiones de impacto ha ido a parar a lo que comúnmente llamamos PYMES (Pequeñas y Medianas Empresas,) y en los Pequeños Negocios en Crecimiento. Hay pocas normas en relación con cómo una empresa produce o cómo trata a sus empleados o el medioambiente a la hora de guiar estas decisiones de inversión y, al final de cuentas, estas compañías reciben capital subvencionado de gobiernos, fundaciones e inversores privados bien intencionados para en realidad seguir haciendo lo mismo de siempre.

Este tropo se manifiesta de muchas formas tanto a nivel local como mundial. Un fondo de impacto, por ejemplo, se fundó bajo la premisa de que apoyaba la creación de empleos en los Estados Unidos. No obstante, cuando hablé con uno de los gestores de los fondos y le pedí alguna historia de éxito, me contó sobre una compañía en la que había invertido que había creado cientos de empleos para trabajadores de bajos recursos en una industria de servicio. Le contesté: "Eso está genial. ¿Podría contarme un poco de la calidad de esos trabajos?" Uno de los socios fundadores respondió: "Bueno, la mayoría son mexicanos, así que empezamos a comprarles entradas para el fútbol. Desde que hicimos eso, las reclamaciones por compensación de daños en el empleo bajaron de dos millones de dólares a un millón doscientos mil, porque nos demandan menos cuando renuncian al empleo".

Otro fondo de impacto de los Estados Unidos que apoyaba a PYMES en países en vías de desarrollo invirtió en un negocio de importación de ropa que llevaba bienes de Asia hacia Sudáfrica. Lo llamaban "inversión de impacto" porque servía a todos los segmentos del mercado, incluidos los consumidores pobres. Algunos sudafricanos del sector social se pusieron furiosos cuando se enteraron del caso y escribieron una respuesta en una conocida publicación sobre empresas sociales haciendo referencia "al serio y potencial impacto negativo que podría resultar de continuar trayendo más ropa barata hecha en Asia al mercado de Sudáfrica".[2] Básicamente el artículo decía lo siguiente: "Si su definición de impacto es desplazar nuestros empleos locales y nuestra industria en la que tanto hemos trabajo para poder construir, preferimos que se queden en su casa".

Otros proyectos pueden haber tenido un impacto positivo, pero mientras estos crean algo que es mejor que la próxima alternativa disponible, en realidad se quedan cortos de lo que quizás pueda ser un cambio más equitativo y sistémico.

Para proveer un ejemplo muy concreto, vamos a poner el caso de los sistemas de energía solar para los hogares, que han invadido el planeta como una alternativa importante al queroseno. Estos sistemas normalmente dan luz y un poco de electricidad para poder, por ejemplo, cargar un teléfono a un precio un poco más barato que el queroseno, pero con inmensos beneficios a la salud y con una calidad de iluminación mucho más grande. La gente pagaba el precio sin vacilaciones, ya que eran mucho mejor que la alternativa. Eso también significaba que los donantes e inversores se sentían muy satisfechos con el impacto conseguido.

A fin de cuentas, sin embargo, estos sistemas solares para los hogares proveen energía a unos cinco dólares por hora de kilovatio, comparado a los 12.2 centavos por hora de kilovatio que un consumidor en el norte global paga por energía solar (que, gracias a los avances en la tecnología, es casi comparable a la energía no renovable, que cuesta doce centavos por hora de kilovatio en promedio).[3] Por supuesto, sigue siendo mejor que el queroseno, pero nadie estaba haciendo las preguntas que había que hacer: ¿El precio de este producto era justo? ¿Proveía este una solución a largo plazo? ¿O era solo un poco menos injusto que la alternativa? ¿Cambió las condiciones generales de los consumidores energéticamente empobrecidos?

Llegados a este punto en el desarrollo de la inversión de impacto, es fundamental que siempre nos detengamos a preguntarnos si esta intervención no es solo mejor, sino que también es transformadora para la gente que pretende servir.

4. Hay una gran brecha de capital disponible para proyectos gestionados por la comunidad

A pesar de que muchos de los proyectos de inversión son ejecutados en el sur global, normalmente son gestionados por aquellos con un mayor acceso a la educación y al mundo en general. Estos emprendedores y sus inversores son los que reciben entre ciento ochenta y tres y seiscientos sesenta y siete mil millones de dólares en ingresos que J.P. Morgan estima será actualizado durante la próxima década.[4]

Es muy poco probable que las comunidades, las organizaciones o los individuos del sur global puedan tener acceso a estos fondos si no hablan inglés o no tienen títulos universitarios. En el norte global, la gente sin un historial de inversión inmaculado raramente tiene acceso a ellos. La estructura actual de la industria limita a las comunidades a servir como el recurso base a través de su mano de obra, o como fuente de consumo de productos específicos como, por ejemplo, estufas o servicios financieros. De la misma forma que ocurre con los recursos para la cooperación al desarrollo, las comunidades apenas son receptoras y no protagonistas.

Una vez más, este fenómeno está relacionado con la naturaleza "de arriba hacia abajo" de la industria. El tamaño del cheque y los términos del acuerdo dependen de lo que la industria estructure como viable, en vez de responder a las necesidades de la comunidad. Los proyectos con una visión más comunitaria se pierden en la trampa de parecer muy pequeño o de baja rentabilidad como para llamar la atención de los inversores. Pongamos el caso de una pequeña tienda de comida en West Oakland, California, que no tiene planes de expansión por el país. Esta puede no valer el esfuerzo de suscribir a pesar de que tiene suficiente mercado local como para operar con rentabilidad y de que su potencial de beneficio para la comunidad sea importante. Por otro lado, algunos proyectos son considerados demasiado grandes y complejos para serles confiados a los miembros de la comunidad, como es el caso del grupo Yansa, una empresa que promueve instalaciones de energía eólica para suministro a gran escala y que sea administrado por la comunidad, como explicaremos con más detalle en el capítulo 6. Podría ser que, a corto plazo, estas preguntas se contesten mediante la filantropía. Es cierto, el mundo necesita más de ella como parte de la solución, pero a largo plazo, si de veras queremos activar el capital para lograr un cambio social, necesitamos una industria que sea mucho más accesible a una comunidad más amplia.

5. La capacitación y el capital de emprendimiento necesitan del 99 por ciento

Los programas de capacitación para que los emprendedores sociales reciban en una formación en empresarismo y accedan a fondos son muchísimos, pero igualmente limitado a pocos. Esos pocos son, generalmente, los que ya han recibido un nivel alto de educación formal. Para aquellos a los que les gustaría involucrarse en el emprendimiento social, particularmente para construir sus propias empresas de base comunitaria, los escollos para hacerlo pueden ser considerables.

Quizás algunos lectores se acuerden del libro publicado en 2007 titulado *The Revolution Will Not Be Funded: The Non-Profit Industrial Complex* (*La revolución no será financiada: el complejo industrial del sector sin fines de lucro*).[5] Su condena de la industria filantrópica es poderosa e inspiró a muchos activistas —incluyendo amigos cercanos que en el pasado eran escépticos de mi trabajo— a buscar formas alternativas para generar ingresos a sus movimientos sociales u organizaciones sin fines de lucro.

Esto fue muy gratificante para mí, pero enseguida me di cuenta de que yo tenía muy poco que ofrecer. No era capaz de nombrar ningún tipo de curso de formación que costara menos de dos mil dólares y que no exigiera que ya se tuviera un negocio operante y, además, la mayoría de las iniciativas que conocía ya habían recibido su capital inicial a través de competiciones de planes de negocio que requieren que los participantes sean estudiantes de la facultad de administración de empresas, o de aquella categoría única de inversores ángeles a los que llamamos "familia y amistades".

Hace casi dos décadas tengo amistad con una mujer joven de Los Ángeles. Ella viene de una familia de inmigrantes trabajadores y nos conocimos cuando fui voluntaria a finales de los años noventa en una agencia de servicios sociales que se llamaba Para los Niños, que ofrece servicios a la comunidad principalmente latina del centro de la ciudad. Hace algunos años tenía que visitar una empresa social y le invité a que me acompañara. Ya que nos conocíamos desde que yo estaba en la escuela secundaria y ella en la primaria, me sentí orgullosa de poder compartir un poco del trabajo de mi vida con ella.

Durante la visita de campo le pregunté a la emprendedora cómo había conseguido su capital inicial, a lo que respondió: "Bueno, los primeros quinientos mil dólares vinieron de mi familia y amistades".

Mi amiga y yo nos encontramos la mirada y pude ver su expresión de incredulidad: "Quinientos mil dólares... ¿de *familia y amistades?*"

Estoy segura de que si mi joven amiga, tan inteligente y capaz como aquella emprendedora, quisiera empezar su propia empresa social e intentara pasar el sombrero por su barrio, tendría suerte si lograra llegara a los quinientos dólares.

No quiero decir que la persona que consiguió recaudar quinientos mil dólares entre su familia y amistades no fuese capaz y no tuviera talento (¡puedo asegurar todo lo contrario!). Además, estoy segura de que tuvo que probárselo a su familia y amistades antes de que invirtieran. Yo también he dependido, ciertamente, de familiares y amistades en el pasado para apoyar mis esfuerzos, especialmente aquellos que son filantrópicos. El asunto es que, tanto ella como yo, tenemos la suerte de tener el acceso a redes que tienen la *capacidad* de apoyarnos. Los amigos y la familia de otros emprendedores potenciales por supuesto que no los quieren menos. La idea de que los emprendedores tienen tan pocos caminos para establecer sus negocios aparte de depender de una ronda de financiación provista por "amigos y familiares" es ridículo y a veces es hasta un insulto. Refuerza la naturaleza clasista del mundo del emprendimiento. El espíritu empresarial es un derecho de cuna para algunos y una auténtica lucha para otros. La falta de oportunidades de inversión para aquellos que no tienen ayudar exterior para llegar a una prueba de concepto limita seriamente el espíritu emprendedor global. Como Mitch y Freada Kapor —inversores prolíficos en etapas de iniciales de inversión de impacto— suelen decir: "La genialidad está distribuida equitativamente por vecindario, pero las oportunidades no".[6]

6. Los inversores de impacto tienen un largo camino por recorrer para atender las dinámicas de raza y género dentro de la industria

En Silicon Valley se acostumbra a pensar que las buenas ideas siempre ganan y que la raza y el género no tienen nada que ver con la inversión. El privilegio de clase, como el acceso a "familiares y amistades", puede hacer una diferencia, pero la raza y el género no. Esto podría ser conceptualmente cierto, pero es un mito funcional y no solo en la industria tecnológica. A no ser que la inversión de impacto cree estructuras significas diferentes para prevenir que repliquemos el mismo tipo de sistemas que aquellos en la inversión convencional, seguiremos cerrando los ojos y declarando que no hacemos distinciones por razas y, como resultado, nos quedamos cortos ante nuestro impacto y objetivos financieros potenciales.

Para ser una industria tan enfocada en los números, el capital de riesgo es ignorante de sus propias estadísticas. Los datos demográficos muestran con claridad lo que pasa. La tabla 1 muestra el porciento de miembros de distintos grupos involucrados en acuerdos de capital de riesgo en Silicon Valley, en comparación con las demografías de las gerencias de las empresas de Silicon Valley y con la población promedio de los Estados Unidos.

TABLA 1:
DATOS DEMOGRÁFICOS DEL CAPITAL DE RIESGO EN SILICON VALLEY

Demo-grafía	Blanco	Latino	Negro	Asiático	Mujer	Hombre
Demo-grafía EE. UU. (Datos Censo 2014)	62%	17%	13%	5%	49%	51%
Demo-grafía empresas de	78%	1%	1%	20%	8%	92%

Sillicon Valley (Equipo de Inversión Senior)						
Demografía de acuerdos en Silicon Valley	78%	1%	1%	20%	2%	98%

En resumen, muestra cómo la demografía del capital de riesgo sigue la demografía de la industria tecnológica de la región: los acuerdos se logran de manera predominante por hombres blancos y los hombres asiáticos les siguen en un lejano segundo lugar.

Este desbalance en el capital de riesgo es algo comprensible dado al hecho de que la mayoría de los inversores de capital riesgo vive en comunidades que reflejan su propia demografía, lo que dificulta que se reconozcan sus puntos ciegos. Pero si queremos pintar a la industria como una utopía que no discrimina por raza o género, estamos cegándonos a propósito de ver la realidad.[7]

Siento decir que no tengo estadísticas exhaustivas para la industria de la inversión de impacto, pero puedo proveer una amplia gama de datos anecdóticos sobre la falta de reconocimiento de que no podemos construir una industria exitosa en un mundo de mayorías y minorías si no le prestamos atención a la diversificación de nuestra fuente de talento. En otras palabras, no se trata solo de que no tengamos diversidad en nuestra industria, sino que ni somos conscientes de que esto es un problema. Reconocer el problema nos llevará a ver el racismo interiorizado que nos lleva a tomar ciertas decisiones sobre a quién contratamos o financiamos o con quién nos involucramos, y estas son decisiones que se pueden hacer de forma completamente inconsciente debido a nuestra programación cultural. Aquí hay algunos ejemplos sobre esta falta de conciencia del capital de riesgo y cómo se reproduce en la inversión de impacto:

- Una vez en mi empresa escuchamos atentamente la presentación de un fondo de inversión para África y América Latina y en una de las diapositivas había una foto de ocho personas del equipo y el título: "Tenemos el equipo perfecto para invertir en África y América Latina". ¿Cuál era el equipo? Ocho hombres blancos.

- Uno de nuestros fondos favoritos, Cross Culture Ventures, está dirigido por dos socios negros. A pesar de que ellos han hecho más de 90 inversiones y que tienen un historial inmaculado con éxitos como Spotify, Warby Parker y Uber, tenían serios problemas recaudar dinero. Más tarde, les llegó el insumo sobre por qué esto pasaba: algunos inversores estaban preocupados porque su cartera iba a ser "demasiado negra". Estoy feliz de poder decir que los gestores decidieron mostrarles que estaban equivocados y, finalmente, consiguieron vender su primer fondo de forma exitosa, pero se dieron cuenta de que no hubieran tenido el mismo problema si fueran blancos.

Algunos inversores ejemplares como Kapor Capital, Impact America, Cross Culture Ventures y Bronze Investments han reconocido que hay un mundo de mayorías y minorías, y esto está incluido de forma explícita en su tesis de inversión mediante herramientas como Founders' Commitment: una lista de formas en las que los emprendedores pueden ser más cuidadosos en temas de diversidad para tratar de responder de forma más proactiva a la necesidad de expandir la industria. Extrañamente, estos fondos continúan siendo la excepción en vez de la norma. ¿Debería ser tan incipiente la idea de que los inversores y emprendedores puedan tener éxito si representan a la gente que buscan servir? Mi principal preocupación no es tanto sobre la falta de diversidad en la industria, sino sobre la falta de reconocimiento de lo urgente que es este asunto y que requiere que se tomen acciones concretas y que no solo sea un deseo de lograr un cambio.

Las dinámicas de género en la industria no son mucho mejores. En mi caso, como mujer blanca, puedo hablar de este tema desde mi experiencia personal. Confieso que durante muchos años fui feminista de la misma forma en la que soy judía: sabía que formaba parte de mí, pero no me identificaba de forma activa ni me involucraba. Desde que soy inversora esto ha cambiado mucho debido a los retos que he experimentado a raíz de mi género. No es solo el hecho de que estos retos sean molestosos o incómodos. Eso lo puedo, en última instancia, tolerar y, por lo general, reírme de ello también. Lo que más me preocupa es que el discrimen por género no nos permite hacer el mejor trabajo que podemos en una industria que necesita de todo el mundo y de todas las perspectivas para que sea efectiva. Las estadísticas sobre la falta de mujeres trabajando en el campo de la inversión es una cosa, pero es el comportamiento diario de este sector contra las mujeres lo que me frustra. Si esto se pudiera atender con un esfuerzo mayor de responsabilidad personal, muy posiblemente el ámbito de las inversiones se convertiría en un lugar mucho más hospitalario para las mujeres.

El sexismo ha sido una constante, aunque discreta, presencia en mis encuentros profesionales durante los últimos 15 años. Con frecuencia los hombres me preguntan si soy la secretaria o si deberían hablar con mi jefe, a pesar de tener el cargo de "presidenta", de "directora ejecutiva" o de "directora general" claramente visible en mi tarjeta de presentación. Hasta la fecha una mujer nunca me ha hecho estas preguntas.

De la misma forma —y a pesar de que mi título y mi foto se ven tanto en mi tarjeta y en el sitio web de la empresa— me paso años corrigiendo correos electrónicos que se comienzan "Querido Sr. Simon". ¿Es tan difícil imaginar que la presidenta de una empresa de inversiones pueda ser una mujer? En otras ocasiones el hecho de que fuera una mujer era el motivo exclusivo para nuevas conexiones que organizaban reuniones de negocios bajo pretextos. Un ejemplo de esto fue que una vez fui a una reunión y me encontré con que un inversor me estaba regalando flores y rehusaba hablar de trabajo, porque quería "conocerme" personalmente (Era media docena de girasoles con un poco de siemprevivas violetas para darle consistencia. Enervada, masullé las gracias y las escondí bajo la mesa).

Como mujeres o somos muy visibles o nos hacen invisibles. En reuniones en las que participo con mi socio Aner

Ben-Ami, a menudo me encuentro con la situación en la que, a pesar de que yo haga una pregunta de temática financiera, el emprendedor o gestor del fondo casi siempre dirige sus palabras a mi socio y no a mí. El instinto que muchos hombres tienen a la hora de hacer lo que describo —hablar de finanzas con el hombre, hablar de impacto con la mujer— parece tan automático, arraigado y sutil que puede pasar casi por desapercibido. Haré notar, no obstante, que esta práctica es común tanto en hombres como en mujeres. Así es: las mujeres no estamos exentas de llevar a cabo prácticas sexistas.

También he aprendido que el sexismo y la discriminación por edad tienen un tipo único de interseccionalidad. Cuando era la presidenta de Toniic y tenía poco más de veinte años, un banco importante me invitó para ser la oradora principal para sus clientes de un valor neto elevadísimo en un exclusivo *resort* turístico en pueblo incluso más exclusivo y dedicado al esquí. Llegué y me encontré con noventa y ocho hombres, la esposa de un inversor y yo. Dos hombres se me acercaron para preguntarme: "Disculpe, señorita, ¿podría decirme dónde se encuentra mi mesa?" Confieso que me costó muchísimo no responder "Soy la oradora principal. Siéntese donde le dé la gana".

Esa misma noche me di cuenta de que el comportamiento que al principio había identificado como machista podría ser en realidad discriminación por mi edad, ya que en el mundo financiero esta discriminación se puede dar tanto hacia las personas jóvenes como hacia las mayores. Solo dos de los hombres allí presentes tenían, como yo, menos de 40 años, y el grupo parecía ignorarles. Los tres pasamos la ceremonia juntos, tal vez, en un acto de solidaridad implícita. Resultaron ser Biz Stone, el cofundador de Twitter, y Shawn Bercuson, el cofundador de Groupon. Claramente, lo que pensamos sobre "quién importa" en una sala algunas veces nos lleva a maximizar nuestras oportunidades de conectar con líderes increíbles.

Sin embargo, con el pasar de los años, el hecho de empezar a peinar canas ayudó a que la gente entendiera que no era una novata en este trabajo y confirmé que lo que a menudo interpretaba como discriminación por edad era en realidad machismo. Una vez viví una experiencia triste en una conferencia de inversión de impacto, en la que me senté con cinco mujeres mayores y compartí con ellas esta observación. Ellas confirmaron que esa había sido su experiencia también. Por semanas permanecí estremecida y triste porque nunca podría "madurar" fuera del machismo que estaba experimentando.

Conozco de primera mano cuán frustrante —y enajenante— es ser mujer en esta industria y también sé la urgencia de que, como inversores de impacto, seamos más sensibles a las cuestiones de raza y género. Me atrevo a decir que el futuro a largo plazo de la industria depende de ello. En efecto, no hacerlo es un gran riesgo empresarial para un sector que tiene mucho en juego a la hora de intentar probar que puede lograr un rendimiento aceptable. No solo nos arriesgamos a reforzar las estructuras de la injusticia, sino que nos exponemos a convertirnos en irrelevantes en un mundo donde las mujeres y las personas discriminadas por su raza son la mayoría.

Si la sabiduría convencional dice que los inversores producen mejor al analizar las áreas que conocen y que la mayoría de la gente (y de los consumidores) en el planeta son mujeres y gente de comunidades racializadas, es bastante probable que fracasemos si no conseguimos que los equipos de trabajo no reflejan esa realidad y ampliamos a lo que estamos expuestos personalmente. Durante muchos años, mientras trabajaba mayormente en espacios casi exclusivamente de blancos, siempre hice hincapié en conocer a la gente que no era blanca que estaba en la sala. Se trata de una decisión muy egoísta por mi parte: yo sabía que esta gente había trabajado el doble para llegar allí, así que seguro sabían algo que yo no sabia y de lo que podía aprender.

A veces, buscar conexiones más profundas así con otras personas que son iguales a mí me ha hecho sentir incómoda. Siempre es difícil conocer a gente nueva y mucho más en eventos donde la gente suele autosegregarse. Con esto no quiero decir algo esencialista como que una persona puede o debe hablar por un grupo en particular. Todos somos individuos que representamos nuestras identidades y estamos influenciados por diferentes culturas y experiencias, pero diría que varios de mis amigos más cercanos y fantásticos receptores de inversión vienen de superar este miedo a sentirse raros y salieron de su zona de confort. Tampoco quiero decirles a mis lectores blancos que deben irrumpir las conversaciones de otros; sino que, quizás, comiencen por ser más conscientes de hacia quiénes naturalmente gravitan en una sala. A quiénes perciben como "importantes" y por qué.

Con el tiempo, participar en espacios dominados exclusivamente por personas blancas o por hombres puede sentirse absolutamente incómodo también. Si cada vez se hace más evidente que una buena parte de los Estados Unidos y de la población mundial no está presente en nuestras conversaciones, ¿cómo podemos confiar en que nuestras conclusiones son buenas para el mundo?

Incluso el universo corporativo de los Estados Unidos se está percatando de que los equipos y las comunidades diversas, ya sea en términos de raza, género u otros factores, sencillamente hace que las empresas sean más fuertes. Las grandes empresas ahora invierten recursos considerables en sensibilizar a sus empleados a la diversidad y en expandir los programas de reclutamiento, así como en otras actividades que están diseñadas para ayudar a construir una fuerza laboral más fuerte. Esta tendencia hace que, para las instituciones de inversiones lideradas por personas blancas, sea más difícil contratar, ya que tienen que competir con las escalas salariales y los recursos que puedan proveer las corporaciones, incluso si tenemos la ventaja competitiva de proveerles a la generación de mileniales una carrera con significado, que es algo que encuentran cada vez más atractivo. Si no nos atemperamos a los tiempos, caemos en riesgo de quedar rezagados como industria. Idealmente, en vez de solamente diversificar instituciones que ya están establecidas, podemos apoyar de forma activa e invertir en instituciones nuevas que tienen al mando a mujeres y a personas racializadas.

Esto significa que tenemos que ser extremadamente conscientes de lo que a veces se llama "discriminación indirecta": las políticas que parecen neutrales desde el punto de vista de raza y género, pero que en realidad funcionan de manera discriminatoria. Por ejemplo, muchas empresas de inversiones tienen como política no apoyar fondos principiantes. Se aseguran de que los gestores de fondos tengan cierta cantidad de años de experiencia o que hayan recaudado cierta cantidad de capital para que sean dignos de ser considerados para hacer una inversión. Dado este caso, como dijimos antes, de que en los Estados Unidos el 98 por ciento de los inversores de riesgo sénior, son blancos o asiáticos, y el 92 por ciento son hombres, estas reglas en realidad hacen una labor *fantástica* de excluir los fondos liderados por mujeres, a las personas negras o de la comunidad latina. Como inversores tenemos que ser más creativos y cuidadosos a la hora de suscribir en vez de colocar barreras generales; de lo contrario perderemos oportunidades para apoyar un talento emergente excepcional.[8]

7. *A los emprendedores sociales se les enseña a ser líderes empresariales famosos y no a ser líderes-servidores*

La gente que quiere ser emprendedor social a menudo va a un programa de "incubación" o "aceleración" para conseguir apoyo y orientación. Se trata de una experiencia que puede durar algunas semanas o hasta seis meses; o quizás tomen algún curso en empresas sociales como parte del currículo de su máster en Administración de Empresas.

Independientemente del formato, estos programas suelen incluir una semana de instrucción sobre cómo gestionar el flujo de caja, una semana de mercadeo, y así por el estilo. Sin embargo, este tipo de programas no ofrece ningún tipo de capacitación sobre la organización y participación comunitaria. Este proceso produce emprendedores sociales que pueden dirigir grandes empresas, pero que como los trabajadores de ayudas antes que ellos, no tienen las competencias culturales ni el desenvolvimiento para construir comunidades de apoyo con la capacidad de liderar un cambio transformacional. Además, estos programas tienen que explorar metodologías que respetarán y sostendrán modelos de liderazgo comunitarios efectivos que ya están vigentes, en vez de pedirles a las comunidades que están acostumbradas a estas estructuras colectivas a que simplemente adopten los modelos empresariales occidentales.

Un ejemplo concreto: recuerdo que una vez me reuní con un emprendedor de una de las mejores facultades de empresarismo, que se había inventado una tecnología fascinante para generar electricidad en áreas rurales y que recibía un gran apoyo de su universidad para promover sus esfuerzos. Le pregunté cómo le había ido con las pruebas con los usuarios. Me dijo que, durante sus vacaciones de primavera, había ido hasta México con su novia para hacer algunas pruebas de campo entre sus salidas turísticas. Con un poco de vergüenza ajena le hice otra pregunta, pero algo en su manera de ser me obligó a preguntarle:

— ¿Hablas español?
— Bueno, no... pero los observé mientras usaban el producto.

Más allá de un estudio cualitativo de las sonrisas, era difícil imaginarse cuántos datos útiles se podrían recoger mediante este tipo de "prueba de campo". Este emprendedor, como muchos otros, se había enfocado en construir una solución antes de entrar en contacto con la gente para ver qué problemas, si algunos, querían que fueran solucionados por gente forastera.

Aunque es posible que esa tecnología generase dinero, una empresa que no tiene una profunda conexión con la comunidad a la que quiere servir no puede evaluar si tendrá éxito como una empresa *social*. Esto lleva a que mucha gente que quiere ser emprendedor social vaya en búsqueda de un problema que se adapte a la solución que ya tiene en mente, en vez de aprender lo que realmente se necesita y con esa información actuar consecuentemente.

Las "soluciones fundamentadas en el mercado" supuestamente tienen una ventaja significativa a la hora de evaluar su impacto por encima de las ganancias, porque el hecho de que una persona pobre esté dispuesta a comprar el producto es la prueba definitiva de la utilidad del producto. No obstante, partiendo de tercera cuestión, todo lo que esto puede probar es, que lo que se ofrece sea un poquito mejor que la alternativa terrible y explotadora que se ha ofrecido en el pasado. O quizás sea una intervención transformadora, pero el mercado por sí mismo no es suficiente para decírtelo. Un emprendedor solitario que le vende su tecnología a personas con las que solo interactúa como consumidores está limitando su potencial para llevar a cabo una actividad transformadora.

En vez de ser líderes-servidores que construyan comunidades, de los emprendedores se espera demasiado a menudo y de forma implícita que modelen el culto a su personalidad para poder tener éxito y atraer capital; es decir, ser el centro de atención, ser la única persona con la idea que cambiará al mundo, que lucha y se sacrifica para conseguirlo y que si tiene suerte no solo tendrá su propio TED Talk, sino que también quizás aparecerá en algún programa de entrevistas mañanero. Muchos emprendedores en realidad no tienen una necesidad de ser el foco y no les gusta cumplir con este papel particular en el escenario público, pero hacerlo se considera a menudo algo esencial para liderar un emprendimiento exitoso.

El emprendedor social sí tiene un papel fundamental y no hay nada malo en aprovecharse de una personalidad dinámica para atraer la atención a una causa, pero lo ideal sería que lidere desde la retaguardia en vez de llevar la antorcha y que, idealmente, ese tipo de liderazgo se aprecie mejor por la comunidad de inversores.

Para mí esto hizo más evidente que la comunidad de inversiones estaba fallando cuando empecé a postularme para organizar varios emprendimientos sociales durante el 2011. Una fundación con una prestigiosa oferta de seis cifras tenía una lista de preguntas precualificadoras en su formulario en línea; o sea, el tipo de preguntas a la que estás obligado a responder que sí para poder avanzar. Una de las preguntas era: "¿Son usted y su cofundador los únicos creadores de esta idea o emprendimiento?" En ese momento era parte de una organización con cinco cofundadores, pero no tenía otra opción que no fuera responder que sí para poder completar la solicitud.

Cuando se me preguntó más adelante en el proceso cuál era nuestra historia de fundación, contesté: "Somos una comunidad de cinco cofundadores, treinta miembros fundadores y un sinnúmero de asesores. Cualquier persona que intente fundar una organización por sí solo es un idiota y no debe invertir en ella". Pasamos a la siguiente ronda.

En las organizaciones de justicia social, descentralizar el liderazgo se ve como algo esencial no solo desde la perspectiva de un proceso democrático de toma de decisiones y de reequilibrar las desigualdades históricas, sino también como un mecanismo para mejorar los procesos de toma de decisiones y de continuidad a largo plazo. En el emprendimiento social se pone un énfasis excesivo en la supuesta infalibilidad del emprendedor que no quiere hacer otra cosa en su vida e hipotecaría hasta su casa para conseguirlo. Y, aun así, la mayoría de las inversiones sociales tienen una permanencia esperada de siete años o más: una duración difícil de imaginar para el típico emprendedor de veinticinco años. Si el negocio depende del emprendedor, es muy probable que pase por desafíos serios a no ser que otros con el mismo interés en que tenga éxito ayuden en el proceso. Te importen o no los emprendimientos sociales, hacerlo solo es básicamente un gran riesgo para el negocio.

Uno de mis amigos y mentores de toda la vida es Billy Parish, fundador de Energy Action Coalition, una coalición estudiantil sin ánimo de lucro, y de Mosaic, una empresa de energía solar. Billy entendía esto de forma intrínseca y, por tanto, es un fantástico emprendedor en serie. Fue nominado a "activista del año" por la revista *Vogue* en 2009 y le pidieron posar para la portada con otros diez que también habían sido nominados. Cada uno tendría una foto de perfil y una biografía publicada en la revista impresa que es distribuida a más de un millón de personas cada mes.

Pero Energy Action es una *coalición* y Billy le insistió a la revista *Vogue* que todos los cuarenta líderes involucrados pudiesen posar para la foto. Al final, *Vogue* aceptó y la foto final incluyó nueve fotos de gran tamaño de individuos muy elegantes y otra con un grupo de cuarenta miembros. Billy priorizó la responsabilidad y el reconocimiento colectivo por encima de su ego y así ha construido una organización que ha superado la prueba del tiempo. Su última empresa emergente, Mosaic, ha captado recientemente doscientos veinte millones de dólares en capital privado y está prosperando bajo su estilo de líder-servidor.

8.   *La educación social no se toma tan en serio como la educación financiera*

La industria trata al conocimiento social como algo extracurricular, como algo que es bueno tener, que puede aprenderse y evaluado de forma intuitiva, en vez de algo obligatorio que requiere de una educación y de un esfuerzo continuos.

Si alguien quiere convertirse en inversor con capacidad para acceder a recursos significativos, existe un camino relativamente claro para hacerlo: gradúate de Economía o Matemáticas o Estadísticas o Empresas de una universidad o institución de prestigio. Trabaja durante dos años como consultor o en un banco de inversiones antes de volver a la universidad para hacer un máster en otra institución de renombre. Haz prácticas en una firma de inversiones privadas o en un banco de inversiones y después, empieza a trabajar como gestor de inversiones. Si te levantas un día y decides: "Quiero que me vaya bien haciendo el bien", el mundo de la inversión de impacto está abierto para ti, como un cambio horizontal, ya sea en un fondo orientado al impacto o mudándote a la unidad de impacto de la institución en la que estés (por ejemplo, los departamentos de finanzas sociales de J.P. Morgan, de Cambridge Associates o de Deutsche Bank, para nombrar unos pocos). En esta típica situación, se necesitan unos seis años de capacitación financiera para que te califiquen como inversor y esto es algo que me parece razonable. Invertir es difícil y es, además, un trabajo de grandes riesgos.

¿Cuál sería el equivalente de la capacitación social necesaria para convertirse en un inversor de impacto? ¿El cambio social no es también un trabajo duro y de grandes riesgos?

Les pediría a aquellos inversores que aspiren a entrar en el campo de la inversión de impacto a que piensen con cuidado qué tipo de capacitación social y de educación necesitarían para ser efectivos en su papel, incluso si nunca se les pide de forma explícita en su institución. ¿Cuál sería el equivalente de educación social de un programa de seis años para el típico trabajo de inversor? ¿A quién le preguntarías por la información más actual? ¿Cómo puedes construir esa red y cómo harías para elaborar cualquier temática o foco de inversión? Las respuestas no están claras, pero en vez de poner todo el peso sobre cada inversor individual para que lo descifren, la industria tiene que decidir que la educación de impacto es una prioridad y construir las estructuras y los sistemas necesarios. Es un asunto que necesita de acciones y pensamientos en colectivo.

Es importante mencionar que nunca seremos expertos en las experiencias de vida de los demás. Un máster de dos años en cambio social puede que te haga más consciente, pero todavía no te cualifica para tomar decisiones por otros. Por eso tenemos que construir estructuras conectadas con comunidades globales y no añadir un curso "social" en los programas de máster. ¿Cómo establecemos estructuras de responsabilidad como industria para asegurarnos de que lo que entendamos como impacto en realidad esté proporcionando lo que la gente quiere?

A pesar de dedicarle la vida y sus talentos a intentar desplegar recursos de forma responsable alrededor del mundo, tanto los filántropos como los trabajadores de ayudas han, en muchos casos, fracasado de forma terrible a la hora de identificar y escalar intervenciones efectivas. Los activistas de base y los movimientos sociales nos llevan ventaja en este sentido: sus principales activos son el conocimiento, la experiencia de vida y la cantidad de personas, no de dólares. Como inversores seríamos muy afortunados de aprender de ellos.

Aprender sobre cambios sociales no es tan simple como parece. Se trata de una temática que evoluciona de forma constante y cambia tan rápido como cualquier otra cosa en el mundo.

Por ejemplo, suelo considerarme una persona bien informada en cuanto los derechos del movimiento LGBTQ. Fui parte de la Alianza de Personas Gays y Heterosexuales (Gay

Straight Alliance, o GSA, por sus siglas en inglés) en la escuela superior y después me mantuve relativamente bien informada y educada como cualquier persona progresista del área de la Bahía de San Francisco. Estaba pendiente de las noticias e intentaba ser una amiga solidaria con aquellas personas que me rodean.

Mi amigo más cercano de la escuela intermedia declaró su transexualidad justo después de terminar la escuela secundaria y mi padre solía preguntarme, de forma muy educada, sobre cómo se encontraba mi amistad "transexual". Con la típica impaciencia de una hija, viraba los ojos y decía: "¡Papá! No digas transexual. Es insultante. El término adecuado es transgénero".*

Compartía esta anécdota con Rashad Robinson, un amigo y director ejecutivo de Color of Change, una organización en línea que lucha por fortalecer la voz política de las personas negras, con más de 600,000

---

* En la actualidad, en inglés se usa más el término "transgender" que "transgendered", ya que este último se considera un insulto porque implica que algo externo le pasó a la persona en vez de la noción de que la persona está reclamando su identidad. En aquel entonces usé el término "transgendered" porque ese era el término preferido de Lucian Kahn, quien luego se convirtió en el líder de la banda judía comediante Schmekel). Hablé con Lucian en el proceso de escribir este libro, quien me hizo notar que: "En el 2000 y en el 2001 la comunidad de gente que conocía usaba ambos términos de forma intercambiable" y también usaban "tranny" como un término de cariño entre la comunidad misma, como un insulto que se reclamó, igual que el uso actual de la palabra "queer". Cuando salí del clóset por segunda vez en el 2010, la comunidad de gente que conocía por lo general usaba el término "trans". A veces usaban "transgender" en contextos formales. El uso de la palabra "transgendered" ahora se ve como algo ignorante. Para el 2013, casi todo el mundo que conozco consideraba "tranny" como un insulto seriamente ofensivo". Esto nos trae al punto de esta anécdota: toma mucho trabajo prestarle atención real a cómo evoluciona el mundo.

miembros. Le conté la historia con la intención de ilustrar una situación en la que una persona con buenas intenciones no siempre tiene las palabras o el lenguaje adecuado para ser aliados efectivos, incluso si sus intenciones son absolutamente honestas. Mi padre no conocía la terminología adecuada, pero su preocupación por mi amigo de la niñez era sincera. Solo podemos saber si esa sinceridad está efectivamente ahí si no descartamos completamente a las personas a la primera instancia en la que se confundan de término.

Se rio y dijo: "Tienes razón... Por cierto, ¿sabes que, recientemente, la palabra 'transexual' ha vuelto? El sexo es el fenómeno básico natural, mientras que el género es el concepto que ha construido la sociedad". Él había trabajado en una prominente organización de derechos LGBTQ antes de unirse a Color of Change y, como hombre gay, estaba mucho más al día con los cambios terminológicos en el mundo de lo que yo estaba. Aparentemente mi papá anticuado ahora tenía razón y que yo era la que necesitaba una actualización lingüística.

No estoy segura cuál terminología prefiere mi amigo, pero digamos que pude haberlo ofendido fácilmente si usaba el término incorrecto. De la misma forma, algunos activistas bienintencionados ofendieron a otros al decir que Todas las Vidas Importan (*All Lives Matter*) cuando no consideraron que Las Vidas Negras Importan *(Black Lives Matter)* tiene un significado completamente distinto porque la idea de que las vidas blancas importan nunca estaba en entredicho. Nadie se preocupa por que la gente que dice "Salven los bosques tropicales" no se preocupe por el resto de los bosques. Uno tiene que prestar mucha atención y dejarse orientar por las comunidades afectadas. Se requieren conexiones y confianza profundas para hablar de ciertos temas muy dolorosos y vulnerables. Aunque muchos apuntan a la susceptibilidad sobre la precisión lingüística como evidencia de la fuerza represiva de lo "políticamente correcto", es difícil imaginar que podemos construir puentes de forma efectiva si no somos capaces de usar un lenguaje que parezca más preciso y seguro para las personas con las queremos conectar. El lenguaje es solo el comienzo. Después toca el diálogo de verdad.

Se sorprenderán al ver la reacción de sorpresa y confusión cuando se les cuestiona a los gestores de fondos dónde realizaron su educación social junto con su entrenamiento en inversiones. Lo más común es que ni siquiera hayan pensado en ello y necesitan un momento para meditar fuera del guion de su presentación para conceder una respuesta. Hasta ahora he tenido dos casos de gestores de inversión que me dijeron como respuesta que leen el *New York Times*. Algunos han dicho que dependen de otros miembros del equipo. Y luego, está la respuesta más común: "Impacto: simplemente sabes lo que es cuando lo ves".

Esa frase es una manera genial de evadir la responsabilidad sobre ser igualmente disciplinado en la educación social como se es en la financiera. ¿Cómo es *posible* que lo sepas, si ni siquiera lo ves? Los inversores de impacto residentes en el norte global suelen tener oportunidades limitadas para pasar tiempo en países en desarrollo y casi ninguna de vivir entre los pobres, apenas para visitarlos durante unas horas antes de volver a las oficinas de los que recibirán la inversión. Esto se da, no tanto porque a esta gente no les importen esas personas. En realidad, les importan mucho. Es porque, a medida que hacen su trabajo como gestores financieros, a menudo no tienen el tiempo ni la libertad para estar más a menudo en el campo. Sus trabajos están enfocados de forma estructural más en el inversor-*cliente*, que en el beneficiario.

Algunas veces siento que la reacción de sorpresa que recibo como respuesta a esta pregunta es en realidad la reflexión de cómo los roles de género se han manifestado dentro de la industria de inversión de impacto. Todo tipo de iniciativa social se considerada una "destreza interpersonal", lo que es un eufemismo para "trabajo de mujeres". Mientras tanto, los hombres se hacen cargo de la actividad de inversiones o "destrezas técnicas". En un estudio con ningún rigor científico, he presenciado que cuando un fondo contrata un gestor de impacto, ese gestor es, casi inevitablemente, una mujer. En otras palabras, la gestión de impacto es tercerizado a una persona en vez de considerarlo como una parte integral de las operaciones de inversión del equipo completo; se cree que es más un arte que una ciencia y, como todas las artes, se considera "femenina" y, por lo tanto, devaluada. Especialmente en el contexto histórico de un sector dominado por hombres, no podemos permitirnos gastar tiempo y energía descartando el impacto como un "trabajo de mujeres".

Al final del día los activistas sí deberían hacer un máster en Administración de Empresas si quieren ser inversores o emprendedores, pero los inversores, en cambio, deberían trabajar por dos años en el campo y mantener relaciones consecuentes con los movimientos sociales. Este tipo de capacitación y experiencia es necesaria si de verdad quieren ser eficaces y merecer el título de inversores de impacto. Si no podemos construir una industria en el que pasar algún tiempo en el campo y en la comunidad sea viable para los inversores, entonces quizás deberíamos enfocarnos más en hacer inversiones de impacto en el norte global y desarrollar relaciones fuertes en casa y apoyar el desarrollo de los equipos locales del sur global.

EL CAMINO HACIA ADELANTE

Con esta lista de desafíos en la mano, ¿qué hacemos de ahora en adelante? Aunque no tengamos todas las respuestas adecuadas, ¿debemos por lo menos asegurarnos de que hacemos las preguntas correctas? Este es un punto crucial y es por ello por lo que este libro una diatriba para acusar con el dedo. El problema no es que tengamos actores malos haciendo maldades contra los pobres y contra el planeta: es que tenemos un campo lleno de gente tremendamente dedicada y bienintencionada que están muy comprometidas con el cambio social, pero que a menudo se enfocan en las preguntas equivocadas. Si podemos reorientar a la industria para que se enfoque en una serie de preguntas más relevantes, mi esperanza es que consigamos mejores resultados a largo plazo de los que todos podamos estar orgullosos. A sabiendas de que la perfección es inalcanzable, ¿qué estructuras nos permitirán ser flexibles a lo largo del tiempo de manera que tengan que rendirles cuentas a las comunidades afectadas? Los próximos capítulos mostrarán cómo pueden ser estos procesos y cómo pueden llevarnos, a la larga, hacia un cambio transformador.

CAPÍTULO 4:
CRECER INTELIGENTEMENTE

Casi al mismo tiempo que comencé a tener dudas sobre las inversiones que me proponía, el mundo comenzó a captar su increíble potencial. Todo lo que se comentaba en la industria era sobre, finalmente, "integrarse de la corriente". En 2010, J.P. Morgan emitió el influyente informe *Inversiones de impacto: una clase emergente de activos*, en el que proyectaban que la industria de las inversiones de impacto estaba preparada para producir hasta seiscientos sesenta y siete mil millones en ganancias durante la próxima década.[1] Esa cantidad de inversión constituye diez veces más que la ayuda oficial para el desarrollo a nivel mundial si ese ritmo se mantuviera estable, aunque, con "soluciones basadas en el mercado" para acabar con la pobreza cada vez más a la moda, el futuro de las ayudas tradicionales en sí se convertía cada vez más incierto.

El informe de J.P. Morgan fue tremendamente emocionante para aquellos que habíamos dedicado nuestras carreras a la promesa de la inversión de impacto, no solo por las grandes cifras proyectadas, sino también porque significaba que las principales instituciones financieras estaban tomando nota y preparándose para convertirse en líderes en el campo. Darnos cuenta de eso, por supuesto, también fue *aterra*dor.

Íbamos a escalar rápidamente hacia una industria plagada de fallas, que se dirigía a suplantar a una industria de ayuda que había sufrido desafíos logísticos y éticos muy similares. Era la idea seductora de que hay una solución rápida a la pobreza de la que podemos agarrarnos y escalar para hacer que las campañas contra la pobreza estuvieran tan a la moda como las últimas zapatillas deportivas. Se invierten miles de millones de dólares para supuestas soluciones que eventualmente se abandonan cuando luego se estiman inefectivas, ya sea porque las soluciones nunca funcionaron en realidad o porque se pervirtieron a medida que crecieron. ¿Es este el camino inevitable de las inversiones de impacto? ¿Qué tenemos que hacer para hacerlo bien desde el principio, para asegurarnos de que hacemos que crezca lo correcto?

Casi todo lo publicado sobre las inversiones de impacto hasta ese momento, particularmente por aquellos que las practicaban, fue abrumadoramente positivo. Los practicantes y sus admiradores querían mostrar tanto como pudieran los increíbles rendimientos financieros y el impacto social que estas inversiones estaban logrando a fin de establecer la legitimidad y definir una industria que todavía estaba despuntando. Yo sabía que este era un trabajo esencial y me entusiasmaba ver estudios de casos provenientes de inversores —tan diversos como fondos de pensiones y fundaciones— que demostraban que los inversores no tenían que sacrificar sus valores para obtener resultados financieros positivos. Quería que entraran en el campo nuevos participantes y más dinero y así alejarme de los combustibles fósiles, las prisiones privadas y los talleres de mano de obra esclava y hacerlo lo más rápido posible.

Sin embargo, mis preguntas sobre la industria seguían taladrándome la mente. Me preocupaba que muy pocas personas parecían tener conversaciones significativas sobre los desafíos de nuestra industria y que, en su lugar, se centraran simplemente en la aceptación y en crecer. Me sentí como una persona detractora, aunque todo lo que estaba diciendo era: "Oigan, a medida que aumentamos el tamaño de la industria, ¡asegurémonos de hacerlo bien!" La respuesta clásica era, esencialmente, algo así como: "¡Esta industria acaba de comenzar! ¡Chist! ¡No la critiques o no llegaremos a hacerla crecer!"

Estar renuente a reconocer a los "detractores" dentro del campo hizo que fuera difícil sostener conversaciones críticas y significativas y comencé a sentirme cada vez más sola tratando de explorar preguntas sobre cómo mejorar el impacto real de la inversión de impacto. Tenía miedo de que, en veinte años, un día me despertara y descubriera que nuestro campo provocó que la gente estuviera peor.

Sé que, como inversora, hablar de imparcialidad a veces puede hacerme parecer una verdadera niñata: un vestigio de mi niña interior de cinco años gritando: "¡No es justo!" ante una economía que nunca fue diseñada para ser justa. Si podemos mejorar la situación de un millón de personas, ¿no es eso bueno e importante? Sí. Pero, si nos aseguramos estructuralmente de que todas las personas en una transacción ganen lo que se merecen, ¿no sería mejor que lo que tenían antes? Sí también.

Me preocupa que, en la búsqueda de crecer, fuera demasiado fácil dejar que el impacto sea bueno... pero no lo *suficientemente* bueno como para evitar replicar ciclos de extracción en las comunidades. Para mí eso significa aceptar un nivel de cambio modesto cuando lo que el mundo necesita es acción inmediata y un cambio estructural fundamental. Aunque debemos celebrar el progreso logrado mediante el cambio incremental, es una vagancia intelectual estar contento con cualquier cosa que no sea menos que un cambio fundamental y refleja una falta de sentido de responsabilidad hacia la gente a la que decimos que servimos con nuestro trabajo.

Creo que podemos lograr que las inversiones de impacto crezcan de manera tal que refleje los principios de imparcialidad y responsabilidad, pero esto va a requerir un cambio más amplio en la conciencia.

El debate sobre la mejor manera de conducir y aumentar las inversiones de impacto es legítimo. Hay muchos inversores a los que respeto por su compromiso con el cambio social que, en su deseo de avanzar y ampliar el impacto, tienen un enfoque diferente al mío. Estaba en una caminata en un encuentro de Toniic con uno de esos inversores, Mark Straub, quien dirige el Fondo de Impacto de Khosla. El enfoque de Khosla es invertir en negocios que tienen el poder de impactar a al menos un millón de personas.[1] En vez de seguir una definición estricta y limitante de impacto, tiene enfoque general de negocios que mejoran el nivel de vida en los mercados emergentes. Mark me cuestionó que mi prioridad fuera descifrar un modelo de intervención que fuera absolutamente correcto y perfectamente justo, y me preguntó si no debía centrarme solo en ayudar a más personas. Él es mi tipo predilecto de pensador: los que te hacen sentir que necesitas un cuaderno de apuntes y una siesta después de una conversación.

En un momento dado, compartió conmigo un viejo dicho: "No dejes que lo perfecto sea el enemigo de lo bueno". Me detuve en el sendero para pensar por un momento y luego grité con un poco de ironía: "Mark, ¡yo *soy* el enemigo de lo bueno!"

Ser enemigo de lo bueno —en este caso, ser el defensor de algo mejor y más transformador— es un papel difícil de desempeñar en una industria en la que todos están verdaderamente motivados por la idea de hacer el bien. Mi esperanza es que, al innovar con nuevos modelos *que también puedan escalar*, podemos maximizar nuestro potencial y sentido de posibilidad para el campo.

Creo que los activistas y defensores de las inversiones de impacto elegirán un cambio sistémico en lugar de un cambio paliativo si se les da una opción probada y práctica. En nuestro trabajo, a menudo apoyamos oportunidades que se están ampliando bien en los sectores que nos interesan y luego también invertimos en soluciones más orientadas a la comunidad, a veces de menor escala y por lo general, en etapas más tempranas, que pueden ayudar a cambiar lo que realmente hace ese sector. Entonces, no es del todo justo decir que soy el enemigo de lo bueno, ¡solo quiero que lo bueno sea desafiado por lo mejor!

Un compromiso con la imparcialidad no debe confundirse con algo radical e increíblemente idealista. Para obtener más confirmación de que la justicia es un objetivo viable, eche un vistazo a una organización mucho más conservadora que yo: el Club Rotario. Desde 1933, el Club Rotario les ha pedido a sus 1.2 millones de miembros en todo el mundo que realicen esta prueba de cuatro puntos antes de ejecutar cualquier acción:

1. ¿Es la verdad?

2. ¿Es justo para todos los interesados?

3. ¿Creará buena voluntad y mejores amistades?

4. ¿Será beneficioso para todos los involucrados?

En el siguiente capítulo presentaré los principios de Transform Finance, mi mejor intento de articular de manera similar un conjunto de ideas orientadoras para ayudarnos a crecer en las inversiones de impacto, con un claro compromiso con el cambio transformador y con la búsqueda de la justicia. Si estos son los correctos, o si otros debieran reemplazarlos, es un tema que espero que los practicantes, activistas y cualquier persona interesada en un mundo mejor debatan en los próximos años.

De lo que estoy segura es de que la búsqueda del crecimiento debe ir acompañada de una prueba de fuego para asegurarse de que continuamos en el camino correcto.

LECCIONES DE LAS MICROFINANZAS

Para una vívida y cautelar historia sobre lo que puede suceder cuando se persigue el crecimiento financiero sin un compromiso igual de sólido con un conjunto de principios sociales, solo tenemos que revisar la historia de las microfinanzas.

El campo de las inversiones de impacto ha tratado de desvincularse de la reputación cada vez más mala del mundo de las microfinanzas en los últimos años, pero como dicen de Cuba y Puerto Rico, a pesar de sus diferencias en la superficie, no podemos dejar de reconocer que son "de un pájaro las dos alas". La mayor parte de la contabilidad del tamaño de las inversiones de impacto todavía incluye las microfinanzas y las microfinanzas serán, probablemente, una parte considerable de esta industria por algún tiempo, debido a su infraestructura comercial bien desarrollada.

Ya que las microfinanzas son quizás lo más cercano que tenemos a las inversiones de impacto en términos de sus intenciones originales, vale la pena considerar en profundidad la historia de crecimiento del campo para ver qué lecciones podríamos aprender de su trayectoria. No quiero detenerme en el debate de décadas sobre si las microfinanzas funcionan o no; lo que es más importante para determinar el futuro de las inversiones de impacto es examinar de cerca, *cómo creció*, qué decisiones se tomaron en el camino y cómo esas elecciones afectaron el potencial de la industria para lograr un impacto social y económico duradero.

Las microfinanzas siguen el principio básico de que "se necesita dinero para ganar dinero". En muchos contextos de pequeñas empresas, particularmente aquellas dirigidas por mujeres, la falta de capital conduce a opciones económicamente ineficientes. Por ejemplo, una mujer compra diez paquetes de papel higiénico para luego venderlos como rollos individuales en su aldea porque no puede permitirse comprar el paquete de cien, lo que le hubiera obtener un mayor margen de beneficio y tal vez, pasar de ganar 2 USD$ por día a 5 USD$, superando por un poco el límite de pobreza. O tal vez vende huevos y una segunda gallina pudiera duplicar sus ingresos. Sin embargo, siempre es difícil ahorrar lo suficiente para comprar esa otra gallina. Proporcionar pequeñas cantidades de capital a empresarios actuales o aspirantes cuyos negocios eran demasiado pequeños o vivían en lugares demasiado remotos para que los bancos pudieran llegar a ellos, fue una intervención muy efectiva, particularmente cuando los préstamos se otorgaban con fines productivos.

Suena bien en principio, ¡y está bien! Las microfinanzas, como la agricultura, la salud, la educación o cualquier otro sector no son intrínsecamente buenas o malas. Lo que importa es la ejecución y eso es una combinación de la estructura y de la ejecución lo que determinará cuánto impacto causará una intervención en particular. Ninguna solución será una panacea tampoco. En el mejor de los casos, las microfinanzas pueden ser un elemento crítico del desarrollo del ingreso y un motor de innovación para las economías emergentes. Al diversificar el crédito para incluir los ahorros y seguros y asegurar el uso responsable del crédito tanto para empresas como para consumidores individuales, los servicios financieros pueden ayudar a abordar la "penalización de la pobreza" pagada en productos sobrevalorados, en una capacidad limitada para asumir riesgos (y oportunidades) y en un capital sobrevalorado en tiempos de emergencia.

Las microfinanzas son un elemento de un conjunto de esfuerzos que deben hacerse para apoyar la subsistencia de los pobres del mundo, junto con la política gubernamental y la creación de empleos de calidad. Deben reconocerse como una solución "micro" a lo que es un problema estructural "macro": la falta de oportunidades en los mercados emergentes. Sin embargo, una narrativa de "levántate por tus propios medios" en la que se plantea que las microfinanzas son una solución, a menudo ignora las deficiencias estructurales que mantienen a las personas en la pobreza a pesar de sus mejores esfuerzos individuales. Desde esa perspectiva las microfinanzas pueden reforzar una narrativa muy peligrosa que Occidente ha usado para culpar a la víctima —no solo internacionalmente, sino en casa también— cuando los esfuerzos de emprendimiento fracasan.

Es difícil imaginar que el desarrollo macroeconómico ocurra en un país sin un sistema financiero que funcione para todos los ciudadanos. Eso es parte de por qué idealmente las microfinanzas son, de hecho, *microfinanzas.* No solo involucran micropréstamos o crédito, sino a toda una serie de servicios financieros que, al igual que con la invención del papel moneda, hacen que el proceso de usar recursos para generar más recursos sea un poco más eficiente. Las comunidades han practicado algún tipo de microfinanciación —desde los círculos de ahorro hasta las cooperativas de agricultores— desde que los humanos se establecieron por vez primera en comunidades y comenzaron a cultivar sus propios alimentos, y muchos grupos de base todavía abogan por un acceso justo a crédito asequibles como un objetivo importante.

Hay dos debates importantes sobre las microfinanzas que pueden ayudarnos a pensar también en las inversiones de impacto.

Primero, ayuda la microfinanciación a las personas y, de ser así, ¿cómo? Dependiendo de con quién hable sobre las microfinanzas, o es la solución a la pobreza mundial y merece ser incluido en la lista básica de derechos humanos, o es una completa estafa a los pobres del mundo y solo sirve para concentrar más recursos en las manos de los ricos. Una larga lista de estudios no ha podido probar el punto de ninguno de los dos lados, pero la pregunta es útil para determinar cuánto tiempo y esfuerzo se debe invertir en esta en esta comparación.

Segundo, deberían las microfinanzas ganar dinero y si es así, ¿cuánto? Una escuela de pensamiento sostuvo que, para que las microfinanzas crezcan, atraigan y mantengan el capital comercial, debían demostrar cómo se podían alcanzar tasas de rendimiento del mercado. Otros creían que, si se tratara de una verdadera intervención social, tal vez no debería ganar dinero más allá del necesario para permitir que las instituciones se sostengan a sí mismas, especialmente si la propiedad de esas instituciones se concentra entre los sectores externos e históricamente ricos.

Existe una interacción clara y, a menudo, poco reconocida entre los elementos tratados en estos debates. Si nuestro punto de partida para definir un crecimiento triunfante es el logro de un cierto rendimiento esperado por el inversor, es probable entonces que el rabo menee al perro en términos de qué tipos de servicios financieros se proporcionan a las comunidades bajo la bandera de las microfinanzas. Por ejemplo, no es casualidad que muchas instituciones de microfinanzas hayan promovido los préstamos mucho más de lo que han promovido los ahorros, ya que los márgenes de ganancias son mucho mejores en los préstamos y, en el caso de algunas instituciones menos escrupulosas, a las personas no se les ha permitido abrir cuentas de ahorro si no solicitan un préstamo también. La suposición había sido típicamente "la microfinanciación ayuda, así que vamos a hacer que crezca", sin reconocer la forma en la que este ascenso cambiaría la naturaleza de la microfinanciación.

En última instancia, el crecimiento se convirtió en la preocupación y ambición predominantes para la industria antes de que se respondiera la pregunta "¿En realidad funciona y bajo qué circunstancias funciona mejor?" El lugar en donde las microfinanzas se descarrilaron no fue cuando le dio prioridad a crecer sobre a impactar, sino en confiar en el formato actual de los mercados financieros para lograr ese crecimiento.

Nuestro sistema financiero actual es fantástico y eficiente para lograr el crecimiento de cosas que son excepcionalmente rentables, al menos en el contexto de una visión de rentabilidad a muy corto plazo. No obstante, administrar las instituciones para que logren rentabilidad por encima y más allá de todo lo demás trae consigo consecuencias para la gente común.

Los primeros adeptos a la microfinanciación querían demostrar que era un producto comercial viable y merecían un espacio en su cartera junto con los bienes raíces y el mercado de valores. Para el año 2010 lograron tener éxito. Compartamos Banco, una institución bancaria mexicana que es en gran parte propiedad de la organización sin fines de lucro Acción International, pudo realizar una oferta pública inicial (OPI) en 2007. Su valoración alcanzó al final los ciento cincuenta mil millones, lo que implica un rendimiento de 250 veces en los seis millones iniciales aportados por los accionistas fundadores, para un rendimiento por año de aproximadamente el 100 por ciento, a lo largo de ocho años.[3] Fue una de las salidas a bolsa más altas del mundo para una OPI en un año en el que el mercado estaba en ruinas debido a las maquinaciones de otra innovación financiera que se había salido de control: las hipotecas. En el 2010, en la India, la institución de microfinanzas SKS también pasó por una OPI que generó millones de dólares en ganancias, así como una cantidad impresionante de escándalos e intrigas. En ambos casos, una gran cantidad de acciones (y en el caso de Compartamos Banco, la mayoría de estas) eran propiedad de instituciones sin fines de lucro, que presumiblemente reinvirtieron estas ganancias para hacer más trabajo de desarrollo.

Después de unos treinta y ocho mil millones en inversiones y seiscientos veinticuatro millones de "beneficiarios", las microfinanzas habían crecido efectivamente como una industria por todo el mundo.[4] No obstante, mientras la industria estaba creciendo de manera tan efectiva, a la vez tuvo un momento más difícil para justificar su popularidad basándose en la idea de que en realidad estaba ayudando a la gente pobre. Un estudio de 1998 realizado por Mark M. Pitt y Shahidur R. Khandker —que inició en gran parte la euforia por las microfinanzas— fue luego desacreditado por David Roodman —un científico investigador bien conocido en el campo— porque se había basado en una metodología defectuosa.[5] Asimismo, Grameen, el banco fundado por Muhammad Yunus, un pionero de las microfinanzas publicó una revisión de la literatura en 2010 de los ensayos controlados aleatorios más rigurosos del momento. El informe concluyó que: "En conjunto, estos tres estudios sugieren que la microfinanciación tuvo un impacto en la inversión empresarial y en los resultados, *pero no tuvieron ningún impacto (ni positivos ni negativos) en medidas más amplias de pobreza y bienestar social"* (énfasis de la autora). El único impacto positivo que encontró el estudio fue que las personas que ya tenían ingresos más altos y negocios establecidos podían beneficiarse del acceso a servicios financieros.[6] Cuando hice mi propia revisión de la literatura y pasé un mes entrevistando a expertos en microfinanzas, traté de hacer todo lo posible por construir un argumento para las microfinanzas y llenar una diapositiva de PowerPoint con historias de éxito. Tuve que detenerme cuando llegué a la tercera viñeta: los datos simplemente no estaban ahí.

Entonces, ¿adónde se fue el impacto? Cuando se prioriza la rentabilidad sobre el impacto, ya sea en la microfinanciación o de otra manera, en el peor de los casos, se puede dejar a las personas en deuda y aumentar la penalidad de pobreza de sus actividades económicas. Favorece, además, que las instituciones altamente extractivas proporcionen solo niveles marginales de beneficio, ya que eligen proporcionar actividades y servicios de acuerdo con lo que es más rentable, no lo que mejor apoye a las personas pobres. Si limitan las actividades a los micropréstamos y al microcrédito, se centran en la deuda más que en la acumulación de activos y es difícil imaginar que las personas pobres puedan salir adelante. Si al final, la estructura al mando de las instituciones de microfinanzas no se aborda junto con la rentabilidad, entonces las instituciones se vuelven extractivas por naturaleza, quitándole dinero en forma de pagos a una comunidad sin recursos y proporcionándoselo a otra para continuar el proceso de acumulación de capital para ellos mismos.

Nótese que el problema más urgente aquí no son las tasas de interés. La mayoría de los críticos de la microfinanciación se centran en el hecho de que las instituciones cobran a los prestatarios pobres tasas de interés de más de 60 por ciento o incluso de 200 por ciento en los casos más extremos. Pero en algunas regiones del mundo las tasas altas pueden ser bastante adecuadas para igualar lo que se necesita para incluso conseguir a un cliente, ya que la organización precisa contratar un equipo más extenso o asumir un mayor riesgo. La métrica más importante para monitorear es la rentabilidad para los involucrados externos —la cantidad de recursos en exceso que se crean y que luego no se implementan para apoyar incluso más a la comunidad de clientes— y si este número es razonable en comparación con el valor creado para los consumidores.

Muchos defensores de las microfinanzas dirán que el hecho de que las personas pobres elijan voluntariamente un préstamo de alto interés demuestra que es útil para ellos y que uno debe confiar en que los pobres son actores racionales que saben lo que es bueno para ellos. Estoy de acuerdo y, de hecho, la gente pobre todavía puede optar por aceptar un acuerdo que es fundamentalmente extractivo porque su próxima mejor alternativa es increíblemente horrible, no porque su opción actual sea particularmente deseable o justa. Sin embargo, si una institución financiera no agrega más valor del que extrae, entonces, por naturaleza, no puede cambiar sistemáticamente los resultados para los pobres ni retar de forma exitosa las desigualdades a nivel social.

El propio Yunus publicó una columna en el *New York Times* en la que afirma que su intención había sido que la microfinanciación se autoabasteciera y creciera de forma correspondiente, no para que se volviera tremendamente rentable. Dijo que estaba decepcionado con el camino que había tomado la industria, en lo que considero que fue una acción que demostró una humildad y un liderazgo excepcional de su parte.[7] Él pensaba que las instituciones de microfinanzas no necesitarían más de un 10 o 15 por ciento de margen de ganancias para operar y recompensar a los inversores. De manera similar, y quizás de manera más conservadora, Damian von Stauffenberg, fundador de MicroRate, la primera agencia de calificación dedicada a evaluar el desempeño y el riesgo en las instituciones de microfinanciación, expresó públicamente que las tasas de los micropréstamos no deberían ser de entre un 20 y un 30 por ciento más caras que las tasas vigentes y que la rentabilidad debía limitarse al 30 por ciento.[8]

La industria de las microfinanzas, reconociendo que enfrentaba serias amenazas a su reputación, implementó varios programas de regulación, como la campaña Smart, cuyo objetivo era garantizar la transparencia en las tasas de interés, reforzar que las prácticas de cobro sean escrupulosas y, en resumidas cuentas, proteger a los clientes de prácticas oportunistas. Debido a la falta de independencia de estos programas de la industria que supuestamente regulan, muchos inversores de impacto considerados temen invertir accidentalmente en productos que les causan daño a las personas, incluso cuando dicen o aspiran a seguir los principios establecidos (una práctica a la que a veces se le conoce como "lavado de impacto"). Por lo general esto no sucede maliciosamente, sino por el reto de administrar grandes carteras de inversiones en varios países sin tener la presencia suficiente en ellos. Si bien la industria todavía está muy capitalizada por los mercados financieros, este riesgo lo ha hecho menos atractivo para los inversores de impacto. Irónicamente, los inversores de impacto a veces confiesan que mantienen productos de microfinanciación en su cartera de inversiones por el perfil del rendimiento de la inversión que pueden generar, en vez de por el amor al impacto que prometen causar.

La existencia de estos programas regulatorios hace que los bancos de microfinanzas se parezcan a cualquier banco en una cartera selecta de impacto: supongamos que el banco es en gran medida bueno cuando realiza negocios de la manera habitual, luego lo regulamos para garantizar que no haga nada demasiado terrible. Nótese que este tipo de filosofía de "deja que el mercado haga su trabajo, luego lo regulamos" refleja exactamente el mismo tipo de pensamiento que se supone que las inversiones de impacto rectifiquen. Simplemente poniendo barreras regulatorias alrededor de prácticas económicas "antiguas" y expandir su alcance a nuevos públicos no es lo mismo que crear maneras nuevas de hacer negocios y de construir una economía más equitativa.

La respuesta de Yunus a la especulación en la industria de los micropréstamos ha sido promover el concepto de la "empresa social", lo que significa empresas formadas expresamente con fines sociales y que no obtienen beneficios de las comunidades. Esto es muy diferente a la forma en la que otros actores a nivel mundial tienden a definir un negocio social (como cualquier negocio que obtenga ganancias y ayude a las personas en el camino).[9] La hoja de términos del Grameen Crédit Agricole Fund, por ejemplo, en realidad dice que esperan que los inversores utilicen todas las ganancias que obtienen de su inversión en el fondo para fines sociales futuros. Es un término difícil de hacer cumplir, pero es algo interesante para considerar.[10]

A diferencia de su trabajo en las microfinanzas, que se extendió como un reguero de pólvora, el concepto de negocio social de Yunus no ha logrado el mismo nivel de reconocimiento. Las personas lo perciben como que promueve la inversión de impacto sin rentabilidad: un punto de inflexión para muchas personas. Yo veo esta interpretación como una lectura fundamentalmente errónea del concepto de Yunus. El punto no es sacar la rentabilidad de las empresas sociales; es el ser muy cuidadoso y considerado con la distribución de los beneficios entre los diferentes actores del sistema.

Algunos actores importantes de las microfinanzas —como GAWA Microfinance Fund, Global Partnerships y Microcredit Enterprises— han tomado medidas reales para poner el impacto primero en sus prácticas y en las decisiones que toman o sobre qué instituciones apoyan. Sus esfuerzos deben ser aplaudidos y apoyados. La microfinanciación sigue siendo una herramienta importante para el desarrollo. En lugar de descartarlas de la cartera, los inversores de impacto deberían centrarse en respaldar a las instituciones que la están volviendo a encarrilar.

A medida que continuamos expandiendo el campo de las inversiones de impacto en su conjunto, debemos asegurarnos de internalizar las lecciones de los fracasos de las microfinanzas en lugar de tratar de desvincularnos de ella. En efecto, hay lecciones de las microfinanzas de las que podemos aprender. El camino hacia el crecimiento de la microfinanciación era algo como esto:

1. Identificar una buena idea que parezca funcionar para ayudar a las personas pobres a alcanzar un mejor nivel de vida.
2. Averiguar qué elementos lo hacen rentable.
3. Expandir eso antes que todo.
4. Intentar regular estos elementos después de que la nueva industria experimente una reacción Adversa.
5. Perder el interés de la comunidad de inversiones de impacto a medida que sus miembros pierden la fe en la capacidad de ayudar realmente a las personas pobres, pero seguir creciendo con principalmente capital comercial.

Ahora solo imagine, por un momento, lo que podría pasar si hiciéramos las cosas de otra forma:

1. Identificar una buena idea que tenga una combinación de enfoques cualitativos y cuantitativos, micro y macro, para abordar la pobreza y la desigualdad estructural.
2. Diseñar un sistema de rendición de cuentas de esa idea hacia las personas a las que pretende servir, y que le permita ser flexible y adaptable según las lecciones aprendidas en el campo.
3. Definir un nivel apropiado de rentabilidad y prestar atención a la proporción de ganancias reinvertidas en

las comunidades que crearon esas ganancias, en
relación con las que se obtienen de esas comunidades.
  4. Expandir apropiadamente.

Por supuesto, hacer algo tremendamente rentable
atraerá la atención de los mercados financieros y, por lo tanto,
la rentabilidad descontrolada se convertirá en una forma muy
eficiente de hacer crecer un instrumento financiero. Sin
embargo, a veces los elementos que hacen que algo sea
rentable puede que no sean los más esenciales para un
impacto social positivo. Por lo tanto, es importante reconocer
que, si esperamos expandir las inversiones de impacto en
función de su rentabilidad, deberíamos esperar a obtener lo
que nos propusimos crear: una herramienta que ha
maximizado el eje de ganancia, con un eje de impacto
rezagado.

La pregunta entonces es: ¿de qué otra manera podemos
crecer? ¿Cuál es el punto de conexión más eficiente entre la
rentabilidad y el impacto? Creo que podemos organizar la
industria en torno a un nuevo conjunto de preguntas para que
podamos resolver esto juntos.

Entonces, en lugar de hacer la pregunta: "¿Cómo
escalamos más rápido?", cuya respuesta es: "Confiar en los
mercados financieros convencionales, incluso si eso pervierte
nuestro propósito original". Nosotros hacemos una pregunta
un tanto diferente: "¿Cual es un modelo apropiado para
ampliar una industria de manera tal que realmente haga del
mundo un lugar más equitativo y sostenible?"

¿Significa que desarrollar este modelo —sea lo que
sea— sacrificará algo de la expansión a corto plazo?
Probablemente sí. ¿Es un intercambio que vale la pena, si eso

significa que los sistemas económicos cambiarán? Estas son las preguntas que espero que podamos seguir debatiendo a medida que nos aprovechamos de la oportunidad que tenemos de mejorar la manera en la que expandimos la inversión de impacto.

CAPÍTULO 5:
CÓMO HACERLO BIEN

A medida que ganaba experiencia y exposición en el sector de las inversiones de impacto, se revelaban ante mí los desafíos y las preguntas que enfrenta la industria. Me encontré en medio de un gran dilema. ¿Replicaría la inversión de impacto los errores de la caridad y construir una industria de arriba hacia abajo que solucionaba los problemas de los inversores y no de las comunidades? ¿O podrían abordarse estos problemas de un modo en el que los inversores pudieran cumplir una visión de autonomía en las comunidades? ¿Hubo espacio dentro del sector para forjar un abordaje de inversión más orientado a considerar la justicia social de manera tal que sean una parte integral de cómo se desarrolló el sector? ¿O necesitaba encontrar un nuevo instrumento para el cambio?

Llegada a este punto, tenía más de una década de experiencia en la industria de las inversiones de impacto. Todavía creía firmemente en su potencial, tenía los contactos para navegarla y no me quería rendir. Así que, en vez de abandonar la inversión de impacto, pasé los próximos años trabajando para descubrir nuevos enfoques para hacer que se dieran cuenta de su potencial y encontrar formas de expandir de manera inteligente.

UNA NUEVA VISIÓN PARA EL IMPACTO

Si quería investigar qué expandir, primero necesitaba tomar un poco de mi propia medicina y asegurarme de sentar a la mesa a comunidades de la primera línea en la lucha mundial por la subsistencia y el medio ambiente, e informar mi estrategia y las condiciones de mi compromiso.

En el 2011, asistí al Foro Social Mundial en Dakar, un encuentro al que asisten más de 75,000 activistas sociales de todo el mundo. Este ocurre cada dos años y es lo más cercano a un movimiento de base que se puede tener a la vez que se tiene un pie en el mundo de las sin fines de lucro.

Impresionantes grupos de cien mujeres vinieron en autobús desde Mali y Gambia, llegaron agricultores de México y Brasil. Había gente de todos los estratos posibles. Un contingente de donantes organizado por EDGE Funders Alliance Network, una comunidad progresista de más de 150 fundaciones e individuos dedicados a la filantropía efectiva asistió; pero, por lo que pude ver, no había nadie de la comunidad de inversión de impacto más allá de una delegación de una sola persona.

Pasé gran parte de mi tiempo en la carpa de Vía Campesina, un movimiento mundial de campesinos al que asistieron representantes de unos quince países de Asia, América Latina y África. En una cacofonía de idiomas (y a través de una gran cantidad de pacientes traducciones), compartimos desafíos, tácticas y algunas historias increíbles durante esos cinco días.

Estos activistas eran increíblemente sofisticados. Conocían los entresijos de cada acuerdo del Banco

Mundial y de las Naciones Unidas. Habían analizado los flujos de capital y contribuido al diseño de políticas sociales y ambientales para las instituciones globales. Podían explicar la diferencia entre la agricultura sostenible, la agricultura orgánica y la agroecología, así como los modelos de negocios y las colaboraciones necesarias entre el gobierno y los agricultores que eran fundamentales para cada uno.

Les pregunté: "¿Qué efecto ha tenido la inversión de impacto sobre sus comunidades?"

Para mi sorpresa, esta tendencia mundial que estaba a punto de eclipsar las ayudas y redefinir cómo el sur global recibía su financiación no la conocía nadie. No tenían idea de lo que eran los fondos con "propósito social" y de que estaban detrás de uno de los acuerdos agrícolas que eran la fuente del acaparamiento de tierras o que financiaban empresas que pagaban salarios de miseria. Estaban anonadados ante lo mal orientados que estaban estos proyectos, pero a la misma vez estaban intrigados. Estos fondos, reconocieron, podrían también usarse para apoyar sus esfuerzos de autonomía y desarrollo según sus propios términos.

Mientras que aquellos en el norte global habíamos estado desarrollando la práctica de la inversión de impacto, los activistas del sur global, que hubiesen podido ayudar a darle forma al futuro del campo y mejorar su trayectoria, estaban generalmente ausentes de la conversación.

Mi filosofía como activista blanca estadounidense siempre ha sido pasar la mayor parte del tiempo que pueda escuchando a otros, especialmente debido a que sé que en algunos círculos mi mera presencia puede cambiar la dinámica de la conversación. Por lo tanto, en espacios como el Foro Social Mundial rara vez presenté a menos de que se me pidiera que lo hiciera y, por lo general, rara vez hablaba a menos de que se me hablara. Sin embargo, este era uno de esos momentos en los que me di cuenta de que tenía que hacerme presente y compartir lo que sabía sobre la inversión de impacto y ayudar a traer a nuevas voces al redil.

Luego de participar de varias conversaciones en persona para tener un mejor panorama sobre el estado actual de la inversión de impacto aplicada a las luchas de estos líderes, invité a algunos participantes a reunirnos y tomé prestada una carpa a las tres de la tarde el último día del evento. No tenía idea si vendría gente, sabiendo que ya habían pasado por cinco días de conversaciones extenuantes. No esperaba mucho, particularmente en un evento en el que había decenas de actividades pasando a la vez.

Unas veinticinco personas vinieron de cuatro continentes. La cantidad suficiente como para que tuviéramos que tomar prestadas algunas sillas de una carpa aledaña. Los participantes representaban grupos de más de cien personas (como EDGE Funders) hasta de algunos millones (como La Vía Campesina). A mí me pareció lo suficiente como para hablar de empezar un movimiento.

Di un resumen básico sobre la inversión de impacto, hacia dónde se dirigía y los retos que anticipaba que encontraríamos. Luego invité a los presentes a que compartieran cómo habían experimentado estos retos en su lugar de origen y a que también compartieran su visión sobre cómo la inversión de impacto podría apoyar mejor los sueños de aquellos a los que representaban.

Estuvimos en esa carpa por tres horas a medida que la energía crecía y las ideas seguían brotando. Al final, formamos un pequeño grupo de trabajo para seguir impulsando el trabajo y después nos dirigimos a escuchar un discurso inspirador por Evo Morales, el presidente de Bolivia y el presentador final de la conferencia.

Mi recuerdo sobre quiénes exactamente estaban en esa primera reunión y quién dijo qué es vago. Lo que sí recuerdo es el sentimiento que tenía, y que pienso que compartíamos, de una convicción sobrecogedora de que la inversión de impacto pudiera ser una herramienta tremenda para la autonomía comunitaria y que, si íbamos a poder acoger una conversación más amplia sobre cómo podría crecer, dejaríamos atrás la era de depender de las ayudas y progresar hacia una economía mundial nueva que funcione para la gente común. No sería perfecta, claro, pero tendría un liderazgo mucho más distribuido y con mayor acceso a los recursos.

De esta reunión surgió un pequeño grupo de activistas de todo el mundo —de Egipto, Mozambique, México, India y los Estados Unidos— que se ofrecieron para ayudarme a diseñar una visión para la organización que eventualmente se convertiría en Transform Finance. Como primer paso, debíamos establecer unos principios claros que pudieran guiar de manera efectiva un movimiento e inspirar a inversores que se alineaban con nuestros objetivos.

Nuestros criterios para establecer los principios que nos guiarían incluían los siguientes:

- Tenían que tocar el corazón de todos, de manera tal que resonaran personalmente con cualquiera que los leyera, independientemente de la perspectiva política del lector. La reacción inicial de la persona que lea nuestros principios debía ser: "Sí, claro que quiero eso... ¿quién no?"

- Tenían que ser inherentemente posibles y trazar su propio curso de acción. He visto grupos que comparten principios guía que son como: "Respetar la dignidad de todas las personas". Esto, por supuesto, es un gran objetivo, pero uno que muy pocos saben cómo implementar de forma consecuente. Esto significa que tienen que ser medibles y verificables ya que, como se dice en el mundo de los negocios: "lo que se mide, se maneja".

- Tenían que poder aplicarse en varios sectores y geografías, para que no hubiera una excusa fácil para decidir salirse. Aunque, al final del día, nada pueda aplicarse universalmente al cien por ciento, hicimos lo mejor que pudimos.

- Nos pusimos un límite de tres principios: lo suficiente como para que tengan un significado real, pero no tantos que alguien que los estuviera escuchando perdiera el interés antes de que pudieras concluir tu breve presentación.

Con estas instrucciones en mente, llegamos a los siguientes tres principios:

1. *Involucrar a las comunidades en el diseño, la gobernanza y en ser propietarios.* Este principio era una respuesta para ver cómo las comunidades solo se veían como una entrada — es decir, con su mano de obra— o como consumidores, en vez de darles la oportunidad

de participar en todas las etapas del desarrollo de una empresa y de su manejo, así como de la creación a largo plazo de valor mediante la posibilidad de ser propietarios.

2.   *Añadir más valor del que se extrae.* Este principio quizás sea mi favorito, porque es el que más se guía por la intuición del corazón. ¿Quién en realidad quiere extraerles valor a los pobres? Fue inspirado por Brendan Martin, quien fue pionero del concepto de financiación no extractiva en la década anterior.

3.   *Balancear de manera justa el riesgo y el rendimiento entre inversores, emprendedores y comunidades.* Una vez más, esperaba que las personas respondieran desde un nivel emocional a la idea de la justicia. Demasiadas veces vi términos de negocios que implicaban que eran lo "suficientemente buenos" para *esa* gente". Las prácticas pudieron haber sido mejores de lo que hubieran sido si el impacto no fuese un objetivo, pero todavía eran fundamentalmente extractivas en vez de un reflejo del reconocimiento real de las contribuciones de todos los involucrados.

Estos principios no se diseñaron para que fuesen soluciones por sí solas. No éramos tan arrogantes como para pensar que teníamos todas las respuestas. A fin de cuentas, nuestro objetivo primordial era ayudar a la gente a que se enfocara en las *preguntas* correctas y, al hacerlo, involucrar a los miles de personas inteligentes que ya estaban trabajando en este campo para que lo mejoraran.

El próximo paso, decidió el grupo, era crear algunos estudios de caso en sintonía con estos principios como parte de su presentación para ayudar a que la gente se entusiasmara de verdad con lo que la inversión de impacto pudiera lograr si se hiciera de forma más efectiva. Queríamos resaltar soluciones en vez de ser detractores. Una de las fuerzas motivadoras que me llevaron hacia la inversión de impacto era el estar cansada de escuchar a los activistas hablar y hablar sobre lo que estaba mal en la sociedad sin ofrecer alternativas viables. Queríamos que nuestro mensaje fuera una tercera parte de críticas y dos terceras partes de oportunidades para hacer las cosas mejor. Que la gente se sintiera que podía ser parte de la solución. Empecé a procurar activamente aquellos proyectos de inversión que seguían los principios y me sentí entusiasmada por el hecho de encontrar historias geniales que contar y que hubiera inversiones grandiosas para apoyar.

Me di cuenta de que hacía falta que se hiciera mucha organización: de inversores, de emprendedores y de activistas. Era más de lo que podía hacer sola. Pudimos recopilar el interés suficiente tanto de los propietarios de activos como de activistas que sentí que teníamos un mandato para lanzar una nueva organización sin fines de lucro. Esta es Transform Finance y está dedicada a crear una comunidad alrededor de los principios y ponerlos en práctica. No podía creer la respuesta entusiasta que recibimos. Nos dieron nuestro primer cheque en la fila de la barra de la conferencia SOCAP: David Berge, de la Fundación

Underdog para grupos u organizaciones que venían de abajo. ¡Y de ahí veníamos!

En ese momento de mi carrera profesional quería dedicarle mi tiempo a invertir en vez de a organizar, así que recluté a mi amigo y colega de muchos años, Andrea Armeni, para que fuera el cofundador y director ejecutivo. Al tener dos organizaciones —una de las cuales acababa de cumplir su décimo aniversario— me sentí lo suficientemente segura para servir de mentora a alguien por ese proceso en vez de liderarlo por mí misma.

Los cuatro ejemplos de los próximos capítulos ilustran no solo cómo los principios de Transform Finance funcionan en la práctica, sino cómo afectan el *proceso*. Cómo la búsqueda por la justicia y la rendición de cuentas cambiaron cómo se tomaron las decisiones, cómo se establecieron las estructuras y cómo se dividieron los riesgos y los beneficios.[*] La interacción de todos estos elementos es, en fin, lo que hace que Transform Finance no sea solo un marco sino un modo de pensar, así como un diálogo. Tenemos la esperanza de que se implemente y ejecute de muchas formas distintas durante la próxima década.

Las historias sobre las organizaciones solo pueden capturar un instante en el tiempo. Dependiendo de cuándo comience a leer este libro, las organizaciones que discuto quizás hayan cambiado su modelo por completo, o no pudieron lograr el impacto que querían, o tuvieron más éxito del que jamás hubieran imaginado. Algunas ya han logrado muchísimo, otras no han tenido la oportunidad todavía de materializar su

---

[*] Todos los ejemplos tienen algún tipo de conexión con Pi Investments o la Fundación Libra, ya sea como beneficiarios o como inversores en sí. Parecía prudente escoger ejemplos que conocía más de cerca. Asimismo, los ejemplos que se muestran en el libro se proveen solo con fines educativos.

visión. El punto de contar estas historias es demostrar el pensamiento y el proceso detrás de varios *modelos* en vez de necesariamente presentar casos exitosos, ya que hacer esto último necesitará más tiempo para evaluar de forma justa los resultados. Si la comunidad de inversiones se alinea con la idea de que debemos tomarnos seriamente los principios de Transform Finance como un componente de nuestro trabajo entonces idealmente más de estos proyectos tendrán acceso a las herramientas y a los recursos que necesitan para crecer.

CAPÍTULO 6

INVOLUCRAR LAS COMUNIDADES

PRINCIPIO 1 DE TRANSFORM FINANCE:
INVOLUCRAR A LAS COMUNIDADES EN EL DISEÑO, LA
GOBERNANZA Y EN LA PARTICIPACIÓN PROPIETARIA

El factor clave que inspiró este principio fue reconocer la necesidad de rendir cuentas ante las comunidades a las que servimos. Este anhelo se respalda con el principio básico de justicia social al tomar la orientación del liderazgo de las comunidades afectadas y el entendimiento de que, a ese poder, viene apegado un gran sentido de responsabilidad.

Ser inversor significa tener poder en cualquier interacción. Esto no quiere decir que los emprendedores y las comunidades no tengan ningún poder, sino que el dinero les da a los inversores un tipo muy específico de poder para tomar decisiones en nombre de otros. Estas decisiones pueden o no ser informadas por un verdadero entendimiento de las necesidades, los deseos, la cultura o los valores de aquellos en cuyo nombre se toman.

Cada vez que negociamos una hoja de términos, el tamaño del capital de un grupo de empleados, la cantidad de participación en los ingresos para los productores o una tasa de interés, tomamos una decisión en nombre de una comunidad afectada. Hay tres formas fundamentales con las que podemos asegurarnos de que le rendimos cuentas a la comunidad durante este proceso:

1. Tomar nuestra educación social y nuestra conexión con las comunidades afectadas tan seriamente como tomamos nuestra capacitación empresarial.

2. Hacer nuestro mejor esfuerzo y no tolerar ninguna pereza intelectual en un mundo que a menudo se contenta con elegir lo "bueno" sobre lo "mejor".

3. Reconsiderar nuestras estructuras de diseño, gobierno y titularidad para asegurarnos de que las personas correctas estén en una posición para hacer o informar de las decisiones cruciales desde un principio.

EDUCACIÓN SOCIAL Y ESTRUCTURAS DE RENDICIÓN DE CUENTAS

Como profesional de la inversión de impacto, el primer paso para involucrar verdaderamente a las comunidades es que nos tomemos en serio las estrategias de impacto tan en serio como nos tomamos nuestras estrategias de inversión. Como se señala en el capítulo 3, eso significa seguir educándose en cuanto a los temas de justicia social y medioambiental, cultivar nuestras conexiones con las comunidades y los activistas, y desarrollar nuestro peritaje en sobre cómo podemos tener un impacto real en el proceso de nuestras inversiones de impacto.

Para mí, esto significa que puedo trabajar en las valoraciones y en los términos de sociabilidad durante el día y participar de reuniones comunitarias por la noche como parte de mi compromiso profesional. Significa que ir a *Facing Race*, la conferencia de justicia racial más grande de los Estados Unidos, es un uso tan válido de mi tiempo y del presupuesto como lo es asistir a una conferencia de capital privado tradicional. Por los pasados cuatro años, todos los años he vivido dos o tres meses en una favela en Brasil, donde trabajo a tiempo completo durante el día y paso mis noches y fines de semana más compenetrada con las realidades de las personas que ganan un promedio de 460 USD$ al mes, de modo que nuestras interacciones no se sujeten directamente al hecho de que son una inversora en un viaje habitual de diligencia.[1] Soy también una música y bailarina activa y, dado a la apertura increíble de la comunidad mundial de las artes, esto me ha abierto muchas puertas a nivel internacional para conectar a profundidad con aquellas personas que tienen un trasfondo muy diferente del mío.

El camino hacia esta conexión será diferente para cada individuo, pero es importante explorarlo. Es posible que otras personas no puedan pasar tanto tiempo viajando o viviendo en otros países como yo, pero que pudieran enfocarse más en conectarse con diversas comunidades en casa. Quizás puedan encontrar otras formas de vincularse con personas de diferentes clases y orígenes étnicos a través de los deportes, las prácticas espirituales o de causas como la justicia ambiental o los derechos de los inmigrantes. Cuando me involucro con las artes no suele suceder mientras trabajo, pero ciertamente estas experiencias vividas influyen en el trabajo que hago.

A fin de cuentas, *todo* es parte de hacer el trabajo. Si dejara de hacerlo, sería menos efectiva como una profesional de las inversiones de impacto. Debería sentirme libre para discutir estos esfuerzos en reuniones de diligencia y cambiar el flujo de trabajo para adaptarlo a lo que se necesita para estar conectada e informada sobre las inversiones *y* el impacto. Eso significa que a veces, "vestirse profesionalmente" requiere que no use un traje pantalón, ya que eso sería desagradable para las personas con las que necesito entablar relaciones. A veces significa decidir no hospedarme en el hotel de lujo en la Ciudad del Cabo o en Río de Janeiro, porque esto solo intensificaría las diferencias tanto de raza como de clase que las personas pudieran ver o percibir cuando me conozcan.

Esto también significa ajustarse al hecho de que, para la mayoría de la gente de clase trabajadora, el activismo sucede en las horas del día que tienen disponibles según sus horarios exigentes de trabajo. También sucede cuando las acciones son más efectivas. Justo como un banquero de inversiones de la costa oeste puede necesitar levantarse a las seis de la mañana para coincidir con los mercados de Nueva York, yo necesitaba salir por la puerta a las seis y media para apoyar a la comunidad local de Black Lives Matter a cerrar la estación de policía de Oakland, lo cual —y no puedo hablar de las motivaciones exactas de los organizadores, pero sospecho— tenía que ocurrir a primera hora de la mañana para que fuera efectivo como acción.

Puede parecer que el activismo por la justicia social y el trabajo de inversión ocupan dos mundos muy diferentes, pero creo que este tipo de compromiso es una parte integral de mi práctica de inversión y no solo sobre mi activismo o mis creencias personales. Mi noción sobre cómo participar para apoyar la justicia racial se ha profundizado —y se ha informado grandemente— gracias a mi participación en movimientos sociales a lo largo de los años, incluso cuando reconozco que esta participación ha sido muy limitada en comparación con la de otros activistas que admiro. He aprendido lecciones totalmente diferentes según mi experiencia con organizaciones ambientales y de justicia alimentaria. Pudiera también escribir otro libro con las lecciones que aprendí como inversora, y sobre cómo evaluar emprendedores efectivos, pensar en valoraciones, estructurar términos, crear una cartera equilibrada, etc.: las habilidades tradicionales que se espera que posea. El punto es perseguir *tanto* la educación social como la financiera como parte de adoptar el *y* de la inversión de impacto.

Lo más que aprendí al participar de los movimientos por la justicia racial es que comprometerse en temas raciales como una persona blanca y mantener un cierto grado de rendición de cuentas ante las comunidades de otras razas, significa comprender cómo actuar de forma en solidaria se ve y se siente en realidad. La protesta ante el Departamento de Policía de Oakland, por ejemplo, se estructuró específicamente para que diferentes grupos raciales mostraran su solidaridad con las personas negras y se asignaron roles y responsabilidades claras a todos los asistentes. Fue increíble y poderoso experimentar en carne propia la idea de la solidaridad en acción. Cuando la gente llegaba a la protesta, un voluntario amable indicaba dónde pararse según la conexión que uno tenía con la causa. El grupo Asiáticos por las Vidas Negras bloqueaba la puerta principal, los miembros del colectivo BlackOUT lideraban las actividades frente al cuartel general y los aliados blancos tenían una sección designada en la isla de la calle de al frente. Los miembros del Colectivo BlackOut gritaban: "¡Muéstranos cómo es la solidaridad!" a lo que se respondía: "¡Así es la solidaridad!"

Incluso si un aliado quisiera ser un "líder", como persona blanca o asiática sencillamente no le corresponde estar en la cabeza de la multitud, abrirse paso para salir en la foto de prensa o tomar decisiones. Ese día llovía a cántaros y, aunque los aliados teníamos menos probabilidades de enfrentar arrestos, definitivamente ganamos la competencia de ser los más congelados y empapados. Así fue como me presenté a una reunión indicada para las diez de la mañana en mis oficinas de inversiones y, ante el asombro de mis colegas, lista para las tareas laborales después de las actividades de por la mañana y con una historia importante para contarles a los emprendedores de ese día.

¿Cómo aplico "así es la solidaridad" a la inversión de impacto? Como alguien con privilegio de raza y clase, así como por la terminología rimbombante que uso y mi trabajo como inversora, puedo parecer intimidante y se me puede descartar como ser parte "del sistema" o, incluso, falsa amiga, dependiendo de con quién hable. Por lo tanto, trato de ser muy consciente de cómo me presento cuando entro a un salón. A menudo supone hablar lo mínimo al principio; tal vez durante la primera hora de cualquier reunión grupal, hasta que logre entender la dinámica de poder en juego. Llegados a este punto, o si estoy asumiendo un papel más conciliador, intento provocar comentarios de otras personas que no están hablando tanto, para asegurarme de que aquellos con las voces más altas escuchen otros tipos de saberes y experiencias de aquellos que están en la sala. A pesar de mi firme convicción sobre el poder de la inversión de impacto y mis ideas sobre qué significa, debo ser especialmente abierta cuando las perspectivas de las comunidades afectadas, o la terminología exacta de alguna persona no se alinean con la manera en la que estoy acostumbrada a escuchar las cosas.

También intento estar muy atenta cuando sé que tengo poder en una interacción e intento encontrar maneras de ceder intencionalmente cuando sea apropiado. Hay momentos en los que todos podemos servir mejor al cambio social permaneciendo en la isla de la calle de al frente, en lugar de pararnos en la primera línea. Intento conscientemente tener relaciones de rendición de cuentas con personas en las que confío, que serán honestas cuando me desvío, tomo un paso en falso o cuando digo algo indebido. Significa, en fin, recibir consejos como un regalo y de tener la valentía de enfrentar mis fallas, en lugar de caer en lo que el educador antirracista Robin DiAngelo denomina astutamente "la fragilidad blanca", que pone el peso sobre otras personas de los dolores de crecimiento cuando creamos conciencia individual.[2]

¿Por qué me esfuerzo tanto, incluso cuando me siento tonta entre mis compañeros por hacerlo? Lo hago porque la responsabilidad personal es útil para activistas e inversores por igual. Me siento personalmente obligada a justificar las acciones que tomo como inversora.

Las personas a menudo mencionan que una de las ventajas de la inversión de impacto es que le da al gestor financiero tradicional algo interesante para hablar en un cóctel ya que, a diferencia de simplemente ganar dinero para clientes ricos, hacer algo en beneficio de la sociedad genera cierta admiración. Esa admiración hace fácil que uno se sienta como que ya es responsable y que hace algo bueno, especialmente si la comunidad se ve y actúa, mayormente, como uno.

No obstante, quisiera elevar el nivel y desafiar a las personas a pensar en cómo se ve y cómo se *siente* la rendición de cuentas antes de que nos demos golpes de pecho por un trabajo bien hecho. Quiero poder mirar a cualquier trabajador de una fábrica o a cualquier agricultor a los ojos y decirle: "Así es cómo estructuramos esta inversión y por eso me siento completamente cómoda con que esta estructura de trabajo fue diseñada para asegurarnos de que usted, yo y todos los demás a nuestro alrededor recibimos una compensación justa por la labor realizada". Algunas de nuestras inversiones están estructuradas de modo que, como inversores o empresarios, hagamos todos los años este tipo de contacto y estoy agradecida por la oportunidad de ser personalmente responsable de mi definición de impacto. No puedo imaginar, por ejemplo, hablar con una mujer en México y decirle: "Gané 250 veces mi dinero en la salida a bolsa de Compartamos IPO y me alegra que hayas podido comprar diez pollos".[3] O: "Me alegra que haya podido ganar 6 USD$ por este suéter tejido a mano que se vendió en Barney's por 1,200 USD$, porque ellos se merecen un margen de 70 por ciento (¡o más!)". Necesito poder mirar a esa persona a los ojos y tener una respuesta que pueda justificar y por la que pueda sentirme orgullosa.

Esta es la razón por la que, al crear sistemas justos, es esencial contar con estructuras para la rendición de cuentas que equilibren las voces alrededor de la mesa en una interacción. Si los inversores y los empresarios continúan tomando decisiones en el vacío y no tienen que justificar sus acciones, sus mejores intenciones pueden fácilmente quedarse cortas. Solo intentar hacer el bien, sin tener conexiones reales con movimientos sociales relevantes para ayudar a guiar sus acciones, tiene el potencial real de hacer más daño que bien.

Para ver un ejemplo vivido de lo que puede ir muy bien —o sumamente mal— en una inversión de impacto basada en el nivel de atención prestada a la rendición de cuentas y la participación de la comunidad, analicemos dos intentos de proyectos de impacto muy diferentes en territorios indígenas de Oaxaca, México. Ambos ejemplifican la importancia del primer principio de Transform Finance.

CUANDO LA INVERSIÓN DE IMPACTO SALE MAL

Uno de los desafíos de la inversión de impacto es que nos obliga a saber casi todo sobre todo para hacer bien nuestro trabajo. Qué es más efectivo: ¿la energía solar residencial o las microrredes a nivel de comunidades? ¿Es el comercio directo mejor que el comercio justo? ¿Es buena o mala una represa hidroeléctrica para una comunidad en particular?

Si das una respuesta incorrecta a alguna de estas preguntas, puedes encontrarte de repente sobre un camino minado. Aprendí que los mejores inversores no tienen por qué saberlo todo, pero sí deben saber exactamente a quién llamar en cada circunstancia y qué preguntas hacer. Incluso eso representa un desafío, ya que formular las preguntas adecuadas requiere el trasfondo suficiente, y podemos terminar confiando en nuestros colegas de inversión, aunque no tengan una visión real de la dinámica en el terreno como para tener información fiable.

En Oaxaca, México, observé de primera mano cuán mal pueden salir las cosas cuando los inversores de impacto no encuentran a las personas adecuadas y no hacen las preguntas correctas. La experiencia fortaleció incluso más mi decisión de garantizar —sin importar qué tan presionados estemos de tiempo en los rápidos y furiosos procesos de inversión— que seamos extremadamente cuidadosos en cuanto a quién acudir al evaluar proyectos. Es necesario hacer algo más que levantar el teléfono para conseguir la opinión "de los mismos de siempre" del ámbito de las inversiones. Hay que procurar también el insumo de las organizaciones comunitarias, los movimientos sociales y los propios miembros de la comunidad. Esto es esencial no solo para garantizar el impacto social, sino también para minimizar el riesgo financiero, como lo ilustra la siguiente historia.

Imagine acceder a su bandeja de entrada al sueño de un inversor de impacto: una serie de proyectos que proyectan un veinte por ciento de rendimiento sobre la energía eólica en el sur de México. Se trata del corredor eólico más grande de América Latina, cofinanciado por un banco de desarrollo muy respetado, el gobierno mexicano y varias empresas eólicas expertas. Las compañías eólicas han firmado acuerdos con las autoridades indígenas locales y tienen luz verde para instalar las turbinas. Pretenden proporcionarle al país un recurso renovable, compensando varios cientos de miles de libras de carbono, mientras crean cientos de empleos en comunidades pobres. Se invertirán quinientos cincuenta millones y el banco de desarrollo ha hecho su debida diligencia de impacto y ha aprobado el proyecto.

¿Cuál es el problema?

Según lo informado por la prensa mexicana y numerosas organizaciones comunitarias, muchos. Cuando este proyecto surgió en 2012, los que lo dirigían no reconocieron la gran oposición comunitaria. Esto es lo que un observador local dijo, según *Renewable Energy Mexico*: "La creación del corredor eólico en el istmo de Tehuantepec, desarrollado principalmente por compañías españolas, casi se ha convertido en una nueva conquista que ha básicamente desplazado a las comunidades del pueblo zapoteco y huave de doce mil hectáreas mediante contratos injustos y desventajosos, para poder generar energía eléctrica con su viento y en su tierra, para beneficiar una iniciativa privada".[4]

Resulta que las tierras se las habían quitado a las comunidades, a menudo por tan solo 50 USD$ al mes de "alquiler". Como si eso fuera poco, se hizo de forma agresiva y violenta, lo que incluyó la detención ilegal y causarle daño físico a los manifestantes locales que estaban en contra del proyecto. El 5 de noviembre de 2012, la Asamblea de Pueblos Indígenas del Istmo de Tehuantepec en Defensa de la Tierra y el Territorio informó que las autoridades habían disparado balas y regaron gas pimienta contra mujeres, jóvenes y personas mayores, golpearon a varios de los presentes, incluidas mujeres embarazadas. La policía detuvo a nueve personas, entre estas dos mujeres, sin brindar información alguna sobre los cargos o a dónde llevarían a los prisioneros. La Asamblea de Pueblos Indígenas publicó unas expresiones contra el proyecto:

No al proyecto de energía eólica en el istmo de Tehuantepec...

Alto a la intimidación, las hostilidades y las violencias generadas por el proyecto de energía eólica.[5]

Sí, leyó bien. Intimidación, hostilidad y violencia causada no por terroristas, no por compañías petroleras, sino por... *¿compañías de energía eólica?* ¿Y el proyecto no es financiado por los bancos avariciosos, sino por... los inversores de impacto y por los bancos de desarrollo?

¿Cómo rayos sucedió esto?

En resumen, sucedió porque las compañías extranjeras desarrollaron proyectos sin pensar en las estrategias de participación de la comunidad, ni hacer ningún intento de compartir los rendimientos financieros de manera justa. En este caso, el concepto de "impacto social" fue socavado y distorsionado. A los inversores probablemente se les dijo que iban a ser una fuerza importante en la distribución de energía renovable en América Latina —una historia de aparentemente gran impacto— pero cayeron en la trampa de dejar que el impacto sea definido exclusivamente por los inversores y emprendedores, sin consultar a los supuestos beneficiarios.

Tuve la oportunidad de visitar estas comunidades en 2014 junto a Andrea Armeni, director ejecutivo de Transform Finance, y nuestro guía turístico, el experto y dedicado Sergio Oceransky, fundador de Grupo Yansa. Aquí están algunas de las historias que escuchamos en nuestras primeras veinticuatro horas allí y que se perdieron en el proceso de diligencia llevado a cabo por los bancos de desarrollo. Tenga en cuenta que estas historias involucran varios proyectos de inversión de parques eólicos en los últimos cinco años; todos en la misma región discutida anteriormente. También considere que, en la mayoría de los casos, las historias demuestran que los "acuerdos" con las comunidades indígenas se elaboraron mal o, en algunos casos, eran totalmente ilegales.

- En una aldea, los acuerdos firmados cubrían y se suponía que compensaran a la aldea solo por explorar el potencial de la tierra. Sin embargo, las compañías involucradas siguieron adelante e instalaron las turbinas sin obtener un segundo acuerdo que les permitiera utilizar realmente la tierra. Solo fue después de que las turbinas fueran un hecho consumado que las compañías le ofrecieron al pueblo la ridícula suma de cincuenta pesos (unos tres dólares para ese entonces) al año para cada uno. El resultado es una prolongada batalla legal que puede terminar con que los pobladores locales puedan ser los titulares de las turbinas y la subestación: una pérdida potencial de millones de dólares para los inversores.

- En otra aldea, cuando el gobierno local "aceptó" los términos de la compañía eólica (se sospecha, luego de sobornos importantes para funcionarios corruptos), los miembros de la comunidad irrumpieron en el edificio del gobierno municipal y lo ocuparon en protesta. Si bien los ocupantes podrían haber sido unos pocos radicales, cuando se produjeron las elecciones unos meses más tarde, la comunidad votó democráticamente por estos "ocupantes" para que se convirtieran en el gobierno local oficial y lucharan para cancelar los acuerdos eólicos. La opinión popular no estaba del lado del proyecto eólico y, en este caso, por una razón relativamente simple: el ruido que producen las turbinas provoca el alejamiento de la población de camarones, que es de lo que esta comunidad de pescadores dependía para su supervivencia.

- Ahora hay un caso abierto en el Foro Permanente de las Naciones Unidas para las Cuestiones Indígenas contra el gobierno mexicano por la aprobación ciertos proyectos. Los funcionarios del gobierno mexicano escribieron una carta a la ONU para explicar que habían seguido los parámetros para el "consentimiento libre, previo e informado" (CLIP), al publicar los planes en un sitio web durante un período de comentarios abiertos de diez días. Un pescador me explicó esto con un tono lleno de ironía cuando nos sentamos en el ayuntamiento de su pueblo, donde apenas hay servicio de teléfono y electricidad, y mucho menos un acceso generalizado al internet.

¿Cómo pudieron los inversores de estos proyectos del istmo de Tehuantepec evaluarlos tan y tan mal?

Hay algunas teorías. Se dice principalmente que el banco de desarrollo sintió la necesidad de hacer un anuncio importante de algún progreso en energía renovable antes de la Conferencia de las Partes (COP13) del Convenio sobre la Diversidad Biológica —una importante cumbre sobre el cambio climático— y que otros inversores simplemente siguieron los pasos después del compromiso del banco de desarrollo. Pero ya sea que un error como este se haga en Oaxaca o en Kenia —en otro caso famoso cerca del lago Turkana— el sector de las energías renovables y de los inversores de impacto es probable que termine provocando graves consecuencias involuntarias si no estamos alertas ante los problemas de apropiación de tierras por las que las organizaciones comunitarias de todo el mundo han estado luchando durante las últimas décadas. Nuestra ignorancia podría llevarnos a tomar malas decisiones de impacto —y a tener grandes arrepentimientos—cuando no solo acabemos del lado incorrecto de la historia, sino que además perdamos nuestro dinero.

Ahora, si tomamos decisiones inteligentes sobre con quién hablar (es decir, si hablamos con las organizaciones comunitarias locales, no solo con los financiadores) y qué pregunta formular (¿Cómo se involucraron las comunidades en el diseño, la gobernanza y la titularidad? ¿Qué porcentaje de los ingresos del proyecto se mantendrá en la comunidad? Como diría el Club Rotario, ¿el trato se siente *justo para todos*?), podemos asegurarnos de que nuestro impacto sea positivo, profundo y duradero. No siempre será perfecto —todo lo contrario—, pero si tenemos más cuidado a la hora de tomar decisiones según lo que ordenen las comunidades afectadas en sí, tendremos muchas menos probabilidades de que nuestras buenas intenciones sean contraproducentes. Eso es exactamente lo que ha hecho el Grupo Yansa.

LA INVERSIÓN DE IMPACTO BIEN HECHA

Como reacción a la tendencia de desarrollo destructivo, los miembros de la comunidad en el istmo de Tehuantepec declararon que no estaban en contra de la energía eólica en sí, sino que estaban en contra del control corporativo de sus tierras. Comenzaron ellos mismos a considerar formas para implementar la energía eólica en sus propias tierras y bajo sus propios términos. Trabajando con el Grupo Yansa han ideado un modelo para que la energía eólica sea propiedad de la comunidad y que ofrezca un rendimiento robusto a los inversores y beneficie igualmente a la comunidad local. El plan del proyecto —que se explica a continuación— fue aprobado en la asamblea general del pueblo, que es el foro que determina la toma de decisiones grupales.

El proyecto piloto de Grupo Yansa se desarrolló en el pueblo zapoteco indígena de Ixtepec, una comunidad grande de más de 30,000 habitantes, dotada de un recurso eólico muy rico que hace de la ciudad en general un lugar agradable y ventoso. La comunidad mantiene una propiedad y administración comunal sobre sus tierras y recursos; un acuerdo que se remonta a siglos y se convierte en ley después de la revolución mexicana de 1910-1920. Este estado de propiedad comunal dificulta que se usen sus tierras como garantía. Por lo tanto, es muy difícil que la comunidad obtenga la cantidad del financiamiento requerida para desarrollar un parque eólico.

Sin embargo, la empresa eléctrica estatal de México ofrece contratos por veinte años a productores de energía que restringen la producción a un precio fijo. Mientras la comunidad pueda asegurar el contrato (y, por supuesto, producir la energía requerida), se garantiza el ingreso por la energía que produce, y se reduce significativamente el riesgo para los inversores. Una estructura de la deuda para los inversores externos garantizaría la propiedad comunitaria del proyecto, ya que la comunidad retendría la equidad.

El beneficio que queda cada año se dividirá en partes iguales entre Grupo Yansa y la comunidad. El cincuenta por ciento de las ganancias que se destinan a la comunidad serán administradas por un fideicomiso comunitario dedicado a fortalecer la calidad de vida, las oportunidades económicas y la sostenibilidad ambiental con una junta que controla los gastos, según la costumbre de la comunidad. Por ejemplo, la comunidad propuso la idea de crear fondos de pensiones para las personas mayores —una forma de evitar que los jóvenes tengan que emigrar, ya que sus mayores serán menos dependientes de las remesas—, un beneficio que los miembros de la comunidad comparten por igual, ya que todos serán elegibles eventualmente.

El cincuenta por ciento de las ganancias que se destinan a Yansa se utilizarían para financiar otros proyectos de energía renovable de propiedad comunitaria. Los proyectos de energía renovable, por lo tanto, financiarán un amplio marco de desarrollo comunitario integral y sostenible que se basa, en parte, en la solidaridad y el intercambio entre las diferentes comunidades. La participación financiera de Yansa en proyectos futuros servirá como una capa de garantía y le dará acceso a un mayor número de inversores institucionales que están interesados en rendimientos seguros y en lograr un alto impacto social y ambiental.

A nivel mundial, miles de comunidades están preocupadas por los "acaparamientos de tierras" en nombre de la energía limpia. No obstante, independientemente de la industria, cuando se trata de la tierra, el trabajo o la riqueza, se deben considerar las preguntas básicas: ¿Cuál es nuestra responsabilidad como inversores de impacto para asegurarnos de que rendimos cuentas ante las comunidades con las que trabajamos? ¿Cómo nosotros, como lo hace el Grupo Yansa, encontramos maneras de que las comunidades sean el foco del diseño, del gobierno y de la propiedad de los proyectos? Y, como inversores, ¿cómo evitamos el riesgo financiero que viene de ignorar la voluntad de la comunidad? ¿Qué se puede hacer para mantener la marca de "intimidación, hostilidad y violencia" muy lejos de nosotros?

El punto no es que todos los proyectos deban adoptar el modelo de Grupo Yansa, sino aprender de la manera en la que este grupo ha hecho que la responsabilidad hacia la comunidad sea un pilar de su trabajo en beneficio tanto de las comunidades como de los inversores.

CAPÍTULO 7:
CREAR MÁS VALOR DEL QUE SE EXTRAE

PRINCIPIO FINANCIERO 2 DE TRANSFORM FINANCE: CREAR MÁS VALOR DEL QUE SE EXTRAE

Es Buenos Aires, año 2001. Imagine que es el dueño de una fábrica y ha logrado un éxito relativo. Mantiene un par de cuentas bancarias en pesos argentinos y en dólares estadounidenses por motivos de seguridad, pero a medida que Argentina comienza a sufrir la tremenda recesión que se está extendiendo por todo el mundo, surgen rumores de que el gobierno va a evitar todos los retiros bancarios y convertir esos dólares a pesos —justo antes de desvincular el peso con el dólar— y provoca que esos dólares se desplomen a una fracción de su valor actual. ¿Qué hace usted?

Si es como la mayoría de los propietarios de fábricas de ese entonces, corre al banco, toma su dinero, toma cualquier otra cosa que pueda cargar en su espalda y corre a la frontera con Brasil, Uruguay o cualquier otro lugar que no sea Argentina.

Cualquier persona que no adoptó esta estrategia lo suficientemente rápido vio cómo su riqueza se redujo por cerca de 75 por ciento, ya que la tasa de cambio se comprimió de 1,4 a 4 pesos por dólar.[1] Al día siguiente, decenas de miles de obreros se presentaron en sus puestos de trabajo y no estaba el jefe, aunque sus llaves todavía estaban sobre el escritorio y se había llevado la nómina del mes pasado (y del próximo) a algún sitio fuera del país.

Ya sentados sobre una montaña de limones —las fábricas abandonadas, todavía equipadas con maquinarias tan pesadas que los dueños no podían llevárselas consigo— los trabajadores decidieron hacer, y vender, limonada. Miles de obreros unieron esfuerzos para tomar las fábricas y trabajar en forma de empresas cooperativas. La policía estuvo meses tratando de echarlos y su lucha se evidencia muy bien en el documental de Avi Lewis y Naomi Klein, *The Take* (*La toma*). Ante el empeño de los trabajadores de volver a su labor en cada intento de desalojo, el gobierno al final se percató de que con una tasa de desempleo de 25 por ciento y más de 40,000 personas que intentaban ganarse la vida recogiendo cajas de cartón para vender y reciclar, podría haber cosas peores que dejar que los obreros se organizaran y les sacaran partido a estos activos echados a pérdida. Así que, al final, dejaron que los obreros permanecieran en las fábricas.[2]

Brendan Martin fue uno de los muchos estadounidenses que viajaron a la Argentina en esos tiempos para aprender de y trabajar solidariamente en este nuevo movimiento de más de doscientas cooperativas de trabajadores.[3] En las afueras de la ciudad vasca de Mondragón, famosa por funcionar mediante una comunidad de cooperativas, era raro ver cooperativas en acción de una escala tan significativa en un solo sitio. El fenómeno atrajo a muchos que soñaban con crear una economía más fundamentada en las cooperativas. Brendan se dio cuenta rápido de que la falta de capital era un gran desafío para estas nuevas cooperativas. La disponibilidad de capital para las pequeñas empresas se manifiesta de manera restringida y la situación bancaria del país tenía poco o ningún alcance en los sectores más pobres de la economía, especialmente, en medio de una crisis. Además, los programas tradicionales de microfinanciación se limitaban a individuos y a pequeñas industrias domésticas y con frecuencia fomentaban el consumo financiado, con deuda, en lugar de la creación de activos reales. Por lo tanto, grandes sectores de los trabajadores pobres de Argentina, incluidas las cooperativas de reciente formación, se quedaron sin acceso al capital o la capacitación empresarial.

En respuesta a estas necesidades, Brendan fundó La Base (*The Working World*, o TWW, por sus siglas en inglés), una organización de asistencia técnica e inversión social diseñada específicamente para las necesidades únicas de las cooperativas de trabajadores. La organización se enfoca no solo en la provisión de capital, sino en compartir las mejores prácticas en la toma de decisiones colectivas y los procesos de gestión con estas organizaciones relativamente nuevas.[4] Desde su fundación en 2004, ha proporcionado más de mil inversiones a 103 cooperativas en Argentina —un fondo total de más de cuatrocientos cincuenta millones de dólares—, con un récord de reembolso total de 98 por ciento de los préstamos. TWW también se ha expandido a Nicaragua y a los Estados Unidos con un fondo adicional de cinco millones de dólares (y sigue en crecimiento) y ha demostrado una y otra vez cómo las cooperativas de trabajadores pueden reactivar las economías fallidas con soluciones sistémicas a largo plazo. Los inversores de The Working World incluyen a individuos, fundaciones y cada vez más, a las propias cooperativas que buscan apoyar a sus pares.

El financiamiento de estas cooperativas de trabajadores por cualquier medio incrementa los activos para la clase trabajadora, ya que se convierten en dueños de los medios de producción. La principal innovación de Brendan responde a la pregunta de qué tipo de capital es realmente apropiado para hacer crecer mejor los activos de los trabajadores. Su solución, la financiación no extractiva, tiene implicaciones no solo para las cooperativas de trabajadores, y para su fondo relativamente pequeño, sino para la economía en su conjunto.

Su momento "*eureka*" ocurrió durante una visita a una empresa textil en Buenos Aires, cuando The Working World apenas comenzaba. Mientras caminaba por la muy activa fábrica, se sorprendió al ver una pieza de maquinaria que estaba en buen estado y se encontraba inactiva. Les preguntó a los trabajadores por qué esto era así. "¿Esa máquina? —respondió uno— Esa es la que el banco de microfinanzas nos alentó a comprar. Resultó que en realidad no era útil, pero aun así pagamos las mensualidades".

A Brendan le disgustó ver que personas trabajadoras tuvieran que entregarle sus ganancias a un banco para pagar por un activo improductivo. Se supone que un préstamo es un insumo para mejorar la rentabilidad de la producción, no para restarle valor. ¿Por qué debería la cooperativa asumir la plena responsabilidad del mal consejo de un financiero? En ese momento se comprometió con la idea de que las inversiones de TWW tenían que agregar más valor del que extraían; de lo contrario, no podía afirmar que estaba "ayudando" a los pobres y sería el momento en el que haría las maletas y volvería a casa.

En su mayor parte, el trabajo diario de The Working World se parece al de cualquier financiero. Proporciona pequeñas cantidades de capital a las cooperativas de trabajadores para ayudarles a expandir sus empresas. Las cooperativas reciben primero varias inversiones pequeñas, a corto plazo, para probar la relación y a medida que se establece la confianza, pueden acceder a grandes cantidades de capital y en plazos más largos. Para cada inversión, el personal de The Working World trabaja con la cooperativa para crear un plan de negocios detallado y un cronograma. Este plan debe ser aprobado por la membresía de la cooperativa junto con The Working World. Los oficiales de préstamos de The Working World monitorean de manera cuidadosa y sistemática el plan de negocios y el reembolso de la inversión, y visitan el proyecto semanalmente para verificar el progreso y brindar retroalimentación y apoyo. En cada etapa la organización procura capacitar a los trabajadores con conocimientos financieros, planificación comercial y habilidades de gestión para garantizar el éxito a largo plazo de la operación.

Sus procesos difieren de los de la mayoría de los financieros por la forma en la que estructuran las transacciones. Los acuerdos están diseñados para lograr dos objetivos clave: aumentar las riquezas de los miembros de la cooperativa que reciben la inversión y reducir el riesgo para proteger el fondo para futuros proyectos dentro de la comunidad. Por lo tanto, cada acuerdo debe cumplir los siguientes criterios:

1. *Los reembolsos deben provenir exclusivamente de los resultados productivos de la inversión realizada:* Si la inversión no es efectiva, en el sentido de que no sirve para ayudar a aumentar la producción de la cooperativa, la cooperativa no es responsable por repagarla. Esto desplaza el riesgo primario a The Working World, dándole a Brendan y a su equipo un gran incentivo para asegurarse de que los destinatarios desarrollan planes de negocios sólidos y usan las inversiones para los fines previstos. Este criterio también garantiza que ningún proyecto pueda crear dificultades imprevistas para el grupo al que está destinado a ayudar. En otras palabras, si The Working World aconseja a una fábrica a que compre una máquina que resulta ser un fiasco, The Working World es igualmente responsable y no puede someter a los trabajadores a asumir todo el riesgo. Del mismo modo, si la inversión es inteligente y estratégica, The Working World se beneficiará legítimamente junto con la cooperativa, ya que el acuerdo está estructurado para proporcionar una participación en los ingresos junto con una tasa de interés base, lo que otorga un mayor potencial que el típico fondo de financiamiento.

2. *Cualquier inversión recibida por el fondo debe generar un rendimiento más alto para la comunidad objetivo, que para el inversor:* Los trabajadores reciben la mayoría de los beneficios de la cooperativa, ya que es el sudor y las lágrimas de sus miembros lo que potencia el capital del inversor.

Son los trabajadores los, que en última instancia generan el valor. Como cualquier herramienta, el capital es inútil a menos que las manos humanas lo tomen y lo transformen.

Esto no prohíbe que el inversor reciba rendimientos y posiblemente incluso según la "tasa de mercado" dependiendo del nivel general de rentabilidad de la empresa, pero la suposición es que el obrero trabajó más arduamente que el capital y a ambos debería pagársele en proporción a sus esfuerzos.

3. *Una política de intolerancia a la vagancia:* La cooperativa debe hacer un esfuerzo de buena fe para ejecutar el plan especificado por el proyecto o tendrá que hacerse responsable del reembolso con activos fuera del proyecto. Esta condición se establece explícitamente en el contrato y si bien es, en última instancia, la prerrogativa del funcionario de préstamos, por lo general es bastante claro para todos los involucrados si no se cuenta con suficiente "capital de sudor" generado por los miembros de la cooperativa. Las inversiones se usan típicamente para comprar activos que puedan liquidarse fácilmente, de manera tal que si una liquidación es necesaria por la falta de esfuerzo (o, sencillamente, por un fracaso genuino del negocio), habrá tanto capital posible para usarse para otorgarle un préstamo a otra cooperativa.

Estos criterios crean un formidable aumento del incentivo para que los miembros de la cooperativa se motiven a hacer su mayor esfuerzo, ya que se saben recompensados y pueden beneficiarse al máximo de cualquier iniciativa exitosa. Al vincular íntimamente el éxito de los inversores y trabajadores, a la vez que se le da una prioridad a la acumulación de activos de los trabajadores, esto sirve tanto como motivación para los trabajadores y para asegurar que se les trate de manera justa mientras los inversores se benefician de una rentabilidad mejorada. En resumen, crea un escenario en el que todas las partes salen ganando en vez de uno en el que los trabajadores teman que su gran esfuerzo solo sirva para acumular recaudos para los inversores externos: un concepto sumamente desmotivador.

Los escépticos podrían decir que este modelo es propicio para el riesgo moral: ¿Por qué intentar tener éxito, si sabes que no tienes que pagar si fracasas? Ese argumento ignora la vulnerabilidad inherente de la clase trabajadora. En las comunidades pobres y de clase trabajadora el fracaso no significa que usted haga las maletas, se declare en bancarrota y pruebe la siguiente idea que se le ocurra. Significa que sus hijos no pueden comer esa noche. Eso es un incentivo bastante fuerte para hacer lo mejor posible. Diría que es un incentivo mayor que el que tiene un graduado de una universidad de prestigio que tiene la red de seguridad de numerosas oportunidades de trabajo si su fracasase su empresa emergente. Si sabes, como propietario, que eres el principal beneficiario de tu trabajo, mucho más allá que el financiador externo, entonces harás todo lo posible para mantener las puertas abiertas y mejorar la rentabilidad. El hecho de que The Working World sea un socio financiero flexible —algo así como un punto medio entre el capital y la deuda— se comparten los incentivos ya que, realmente, todos ganan cuando una cooperativa tiene éxito y sus miembros se sienten motivados a trabajar arduamente para alcanzar los objetivos que desarrollaron juntos.

Brendan reconoció que su trabajo en Buenos Aires sucedió en el contexto de un momento y un movimiento social muy específicos. Para probar que su modelo funciona y que el financiamiento no extractivo podría ser una herramienta escalable para comunidades e inversores, pensó que debería demostrar su efectividad en el país que creó las finanzas modernas: los Estados Unidos. Allí descubrió que, al utilizar la metodología no extractiva e incentivar a los trabajadores con la oportunidad de ser propietarios, podría sacar oro del polvo creado por el sistema financiero convencional.

En Chicago, los trabajadores de Republic Windows and Doors estaban cansados de que cada propietario nuevo de una fábrica amenazara con despedirlos a todos. No porque la fábrica en sí no fuera rentable, sino porque los otros intereses comerciales del propietario estaban interfiriendo en el destino de la fábrica. Cuando la fábrica fue puesta en venta —luego de que su dueño más reciente acabara en la cárcel— diecisiete trabajadores —todos de minorías étnicas en los Estados Unidos— se unieron para comprarla como New Era, una cooperativa con el apoyo financiero de The Working World. Los orgullosos nuevos dueños están dedicando más horas que nunca, pero ahora saben, dadas las estructuras financieras de The Working World, que serán los principales beneficiarios de todo su arduo trabajo. Hasta ahora, han cumplido con todos los pagos requeridos y se están abriendo camino hacia la rentabilidad como la única planta de fabricación que es propiedad de gente de comunidades minoritarias del estado de Illinois.

Republic Windows and Doors es ahora una de las más de 25 cooperativas de trabajadores que The Working World ha financiado en los EE. UU durante los últimos tres años[6] sin pérdidas hasta la fecha. En el proceso, Brendan y sus colegas han demostrado de manera lenta, pero segura, que se puede ganar dinero para los inversores a una tasa comparable a la de otros fondos de impacto de deuda privada, al tiempo que se garantiza que los inversores agreguen más valor del que obtienen. Cuando las inversiones como esta funcionan y resultan estables —y, a fin de cuentas, rentables— allanan el camino para un cambio estructural profundo en la economía.

CAPITULO 8:
BALANCEAR EL RIESGO Y EL RENDIMIENTO

PRINCIPIO 3 DE TRANSFORM FINANCE: EQUILIBRAR EQUITATIVAMENTE EL RIESGO Y EL RENDIMIENTO ENTRE LOS INVERSORES, LOS EMPRENDEDORES Y LAS COMUNIDADES

Por lo general las empresas sociales con un acceso limitado al capital están a la merced de los inversores para estructurar un acuerdo en cuanto a cuánto riesgo asumirán ambas partes y cuánto beneficio potencial obtendrá cada una.

Los inversores, lógicamente, a menudo hacen todo lo posible para proteger sus propios intereses. Por momentos también se aprovechan de esta relación de poder desigual. Por ejemplo, los principales bancos a veces logran que una empresa de alguna manera obtenga una garantía al cien por ciento de su préstamo, asegurándose de que no haya ninguna pérdida. Esto luego requiere que otros actores, como MicroCredit Enterprises o Shared Interest, tengan que tomar el relevo y asumir las pérdidas. Otros inversores requerirán que las compañías les reembolsen por el tiempo que invierten aprendiendo sobre la compañía: un proceso llamado diligencia debida. Dichas políticas les permiten disminuir el riesgo considerablemente a la vez que tienen un acceso completo a los rendimientos anticipados de su inversión.

Ahora, piense por un momento en el emprendedor y su equipo, quienes — dependiendo del país y el contexto— pueden hacer lo mínimo para sobrevivir. Si la empresa falla, el banco tiene su garantía de 100 por ciento para completarla, pero para toda esta gente, que puso años de sudor, ¿cuál es su rendimiento? No solo pierden por completo los recursos que pudieron invertir, sino que ahora, además, tienen que encontrar un nuevo medio de subsistencia.

Estas son las preocupaciones detrás del principio 3 de Transform Finance. Detrás de la idea de balancear el riesgo y el rendimiento está la idea de que les debemos a las comunidades con las que trabajamos hacer lo mejor que podamos para ser justos con todas las partes. Incluso si tenemos el poder de exigir términos que pongan todo el riesgo en la empresa, podemos elegir alinearnos con nuestra intención general de maximizar la creación de valor para las comunidades a las que servimos mientras creamos valor para nosotros mismos, centrados en crear términos que compartan equitativamente el riesgo y el rendimiento. Una forma de enmarcar este principio como inversores sociales es preguntarnos a quién deberíamos intentar con más afán proteger del riesgo: ¿a las personas con riquezas o a las personas que no las tienen?

En este capítulo se cuenta la historia de una compañía con un profundo compromiso con hacer lo justo en una industria que no alcanzó lo que estimaba que era mejor: la industria de la elaboración del cacao.

Las prácticas internas de la compañía no solo fueron extremadamente cuidadosas con respecto a cómo compartir el riesgo y el rendimiento entre la empresa y los agricultores con los que trabajan, sino que, además, trabajaron para descifrar una estructura de inversión que reflejara estos valores y distribuyera de manera más justa el riesgo y el rendimiento a todas las partes.

La lógica del capitalismo está llevando al chocolate por el camino de la extinción. La mayoría de los agricultores, que ganan tan poco como cincuenta centavos por día alrededor del mundo, se dan por vencidos y se marchan de los campos.[1] El abandono de las cosechas del cacao tiene a los fabricantes mundiales de chocolate, como Mars, sumidos en una preocupación constante, igual que a ciertos consumidores consternados, algunos de los cuales estiman que el chocolate es una necesidad tan básica como el aire o el agua.

Los esfuerzos para asegurarles a los agricultores más dinero y un mejor nivel de vida a cambio de su trabajo —dicho sea de paso, a través del sistema de certificación de comercio justo— no han resuelto el problema. Ese fracaso es en parte un subproducto de la metodología según la cual funciona el comercio justo.

El sistema moderno de etiquetado de comercio justo se lanzó en 1988, principalmente para eliminar la volatilidad en los precios de mercancía de productos agrícolas como el café, el cacao y los plátanos, y para, además, establecer precios mínimos que mantendrían a los productores fuera de la pobreza. En lugar de tener que aceptar el precio de mercado con sus altas y bajas, a los productores de comercio justo se les garantizaría un mínimo básico y luego, si el precio mundial de los productos fundamentales superaba ese mínimo, en el caso del café, siempre obtendrían tres centavos de dólar por kilo más por encima del precio de mercado y una "prima de comercio justo" de alrededor de veinte centavos por cada kilo, pagada a las cooperativas agrícolas, en lugar de al agricultor, lo que se supone ayudaría a pagar las iniciativas que requieran una acción colectiva, como por ejemplo la construcción de un sistema de riego para una aldea.[2]

Este sistema de cierta manera les brinda estabilidad a los agricultores, pero ha tenido grandes inconvenientes. El precio los productos etiquetados por el comercio justo no es lo suficientemente alto como para permitirles a los agricultores salir de la pobreza y no establece prácticas justas en toda la cadena de suministro. A medida que aumenta el precio mundial del cacao y otros productos básicos en la última década —en parte debido al temor a la escasez—, unos pocos centavos por kilo de beneficio pueden ser algo bastante mezquino, especialmente cuando como "comercio justo" pueden alcanzar precios mucho más altos —que los agricultores nunca verán— en beneficio de los fabricantes y minoristas. Las cooperativas de comercio justo, como cualquier institución política, no son inmunes a la corrupción. Algunas cooperativas son fantásticas en el proceso democrático, tienen un fuerte liderazgo y usan las primas pagadas por la gestión para ejecutar proyectos locales maravillosos. Otras son muy corruptas y las primas diseñadas para servir a la comunidad se distribuyen entre unos pocos privilegiados.

La calidad también ha sufrido estragos en el sistema de comercio justo. Ya que la etiqueta de comercio justo es independiente de la calidad del producto, los agricultores tienen un incentivo para, en otras palabras, tirar el producto de peor calidad al sistema de comercio justo porque saben que van a cobrar lo mismo, mientras que sus productos de mejor calidad pueden lograr un precio más alto en otro lugar ya sea con o sin la etiqueta de comercio justo. Se le ha prestado poca atención a implementar mejoras de calidad a las cooperativas de cacao que luchan por mantener una calidad, especialmente cuando sus cultivos son orgánicos. Como dijo la compradora y consultora de chocolate, Chloé Doutre-Roussel, en su libro *The Chocolate Connoisseur* (*La connaisseur de chocolate*)*:* "Cada vez que como chocolate orgánico, una vocecita en mi mente me dice: 'Solo démosle un cheque a la cooperativa, pero ¡por favor no me hagas comer esto!'"[3]

Como resultado de los incentivos sesgados que condujeron a la erosión de la calidad del producto en el sistema de comercio justo, surgió el movimiento de "comercio directo". Los compradores de café que quisieran poder escoger entre los productores por motivos de calidad tendrían que, por lo general, pagar un precio significativamente más alto de aquel ofrecido por el comercio justo y contarles esa historia a los consumidores mediante rótulos laminados y fotos alegres en sus establecimientos. Sin embargo, estas negociaciones y transacciones tuvieron lugar como acuerdos únicos, sin certificaciones externas o requisitos mínimos, por lo que incluso si los resultados fueran quizás mejores a corto plazo, el "comercio directo" carecía de las estructuras de impacto y de rendir cuentas a largo plazo que el sistema de comercio justo pretendía brindar.

¿MÁS JUSTO QUE LO JUSTO?

Entonces, ¿cómo podía uno comprometerse con los mejores aspectos del comercio justo y el comercio directo? ¿Cómo se podría establecer una métrica consecuente para un precio de "salario digno", incentivar la producción de calidad y proveer algunos recursos colectivos que pagaran por las necesidades de la comunidad? ¿Y cómo se podría hacer esto con transparencia y rindiendo cuentas por ello?

En el 2010, Emily Stone estaba en Belice intentando resolver este mismo dilema. Oriunda de Boston, fue convocada por el fundador de Taza, una compañía local de chocolate que era pionera en el movimiento "de la semilla a la barra", para una misión de investigación. El fundador de Taza había escuchado que el cacao en Belice era muy bien estimado, pero que su calidad se había erosionado en la última década. ¿Podría una empresa de chocolate centrada en el origen del producto ayudar a revivir el sector antes de que las familias abandonasen el cultivo —y cientos de años de cultura y tradición agrícola— para dedicarse otras actividades más rentables?[4]

Belice es un país pequeño de apenas 360,000 personas. Tiene una de las poblaciones más diversas de América Latina, con una mezcla de pueblos indígenas que hablan quekchí y mopán, de gente afrodescendiente de habla garífuna y de personas mestizas hispanohablantes. Dada su próspera industria turística, el ingreso anual per cápita promedio en Belice se estima en aproximadamente 8,600 USD\$: uno de los más altos de América Latina. No obstante, el agricultor promedio subsistía con apenas 200 USD$ al mes.[5]

En el sur de Belice, la producción de cacao fue organizada en gran medida por la Asociación de Productores de Cacao de Toledo, una asociación de comercio justo que los agricultores estaban abandonando de manera lenta, pero segura. Los visitantes que conducen por la carretera a Punta Gorda pasan por el Museo del Cacao a medio construir: un proyecto de medio millón de dólares diseñado por la asociación y financiado con las primas de comercio justo para hacer crecer el turismo en la región. El museo estaba cubriéndose con la vegetación exuberante de la zona y estaba desapareciendo entre la maleza boscosa antes de siquiera darle la bienvenida a un solo visitante.

Los agricultores continuaron vendiendo cacao en el mercado mundial. A pesar de que desde el punto de vista administrativo funcionaran como una cooperativa, procesaban su producto individualmente. Cada uno de ellos sacaba la pulpa, secaba los granos y los fermentaba. El proceso de fermentación, durante el cual emerge la personalidad de los granos es, junto con el origen de la planta —o *terroir*— el determinante principal de su sabor y, por lo tanto, una parte crucial del proceso. Como para todas las cosas en la vida para las que se requiere de cierta habilidad y conocimientos, algunos agricultores eran mejores en el proceso de fermentación que otros, lo que condujo a grandes variaciones de calidad. Debido a la naturaleza desigual de la fermentación en tantas fincas pequeñas, para los agricultores era difícil mantener una alta calidad en colectivo y así obtener el mejor precio, por lo que continuaron ganando el mismo bajo precio, más una prima adicional del sistema de comercio justo.

Emily no sabía casi nada sobre el cacao, pero como exmiembro de Green Corps, un programa de capacitación para organizadores del movimiento ambientalista, sabía cómo compenetrarse en una comunidad. Fue de puerta en puerta a más de cien casas rurales para preguntar sobre la producción del cacao y lo que se necesitaba para construir un sector más robusto y se preparó para dirigir desde atrás para resolver las necesidades de las comunidades.

En una de esas expediciones de puerta en puerta, conoció a Gabriel Pop, cuya familia había cultivado cacao durante varias generaciones. Estaba frustrado por el sistema de comercio justo y también buscaba maneras de hacer del cacao una empresa más sostenible para su familia y comunidad.

Gabriel acordó asociarse con Emily (respaldada por Taza y otros) para crear una nueva compañía llamada Maya Mountain Cacao. Al principio él pidió que no se le brindara remuneración alguna, ya que quería asegurarse de que sus valores fueran los mismos y que ella estuviera completamente comprometida con la comunidad antes de aceptar algún tipo de compensación. Cinco años después, han construido el mayor exportador de cacao de Belice. Maya Mountain Cacao es ahora una de varias compañías que venden bajo la marca de Uncommon Cacao, y se ha convertido en una corporación mundial de abastecimiento de cacao, que se enfoca en la calidad, la transparencia y en facilitar un camino para sacar de la pobreza a muchos agricultores.

La fórmula secreta de Maya Mountain Cacao fue su enfoque en mejorar la calidad, lo que estimó como el mejor camino para corregir los precios para los agricultores. La mayoría de las intervenciones agrícolas se centran en hacer que los agricultores hagan más procesamiento ellos mismos, lo que se denomina parte del "valor agregado" de la cadena de suministro agrícola, que en teoría les permitiría ganar más dinero. La idea clave de la compañía consiste en que, al centralizar el secado y la fermentación, se mejora significativamente la calidad y, por consiguiente, se crea un producto único por el cual los fabricantes de chocolate lucharían… Y pagarían mucho más.

La estrategia funcionó, irónicamente, retirando algo del procesamiento de las manos del agricultor. La centralización no solo les dio a muchos agricultores más tiempo en el día para invertir como quisieran, sino que también les dio el triple de ingresos. En el 2015, las semillas de cacao de Belice fueron nominadas para convertirse en un producto del patrimonio mundial y obtuvieron los precios más altos de todos en el mercado. De hecho, en una campaña de Kickstarter de 2014, los chocolateros pagaron 86,721 USD$ no por los frijoles Maya Mountain, sino solo por el *derecho* a comprar esos frijoles raros y preciosos a cualquier precio y en algún momento del futuro.[6]

Al reconocer la tendencia global hacia el chocolate de mayor calidad, similar a la que vio el consumo del café gourmet —que pasó de 3 por ciento a un 51 por ciento del valor de mercado en un período de veinte años—, Emily y sus con sus cofundadores de Taza y Belice vieron una oportunidad para replicar esta fórmula de perfeccionar el producto y proporcionar precios más altos a los agricultores de todo el mundo.[7]

También sabían que los agricultores, acostumbrados a hacer un mal negocio por sus productos, estarían encantados con cualquier beneficio adicional que la compañía pudiera proporcionarles: el clásico punto de inflexión para las empresas sociales. Sin embargo, según la misión social y los valores principales de la compañía de garantizar la transparencia y la dignidad para todos, sentían que les debían incluso más a los agricultores. Esto no se trataba solo de ejecutar su misión social, sino que también era una práctica empresarial inteligente ya que garantizar que todas las partes se beneficiaran del éxito de la compañía era una manera de construir lazos de lealtad y fomentar que se hiciera un buen trabajo.

Desde su humilde comienzo en Belice, los fundadores tuvieron la visión de una compañía global con una mesa equilibrada de partes interesadas: agricultores, empleados, propietarios, inversores y chocolateros, todos unidos por el mismo propósito. Para ejecutar esta visión era importante diseñar estructuras de precios, de inversión y de propiedad que equilibraran el riesgo y el rendimiento en todos los ámbitos.

BALANCEAR EL RIESGO Y EL RENDIMIENTO

Maya Mountain Cacao recaudó su primera ronda de capital en 2014: un proceso que apoyé con mi trabajo en Pi Investments, precisamente porque sabíamos que teníamos intereses comunes en impulsar las cadenas de suministro para maximizar el beneficio para todos.

Ya que conocía nuestra experiencia en modelos de propiedad comunitaria y finanzas transformadoras, Emily nos pidió ayuda para facilitar una conversación sobre estos temas con el equipo de Maya Mountain Cacao en Belice. En ese momento la compañía era solo una entidad en Belice liderada por Emily y Gabriel, y contaban con tres empleados clave: Anna, Deon y Maya (que eventualmente liderarían el negocio de abastecimiento con sede en Estados Unidos para Uncommon Cacao). Trabajaban con una centena de agricultores. La compañía estaba en el proceso de empezar a trabajar en Guatemala también y comenzaban a pensar más sobre cómo se vería la estructura de gobierno y de participación propietaria, así como los beneficios, a medida que la compañía ganara una expansión mundial a largo plazo.

El equipo me invitó a que fuera a Belice para encabezar una cumbre sobre los conceptos de gobernanza y participación propietaria. Durante cinco largos días hicimos ejercicios intensivos para tratar de contestar preguntas como: ¿Cuál debería ser la división ideal del capital? ¿Cuáles son las principales decisiones que enfrentará la empresa y quién debe estar facultado para tomarlas?

Salimos de esta reunión con un manifiesto de ocho páginas que describe los porcientos de la participación propietaria, una estructura de comité para propósitos de gobernanza colectiva y las estructuras de participación en las ganancias. Era demasiado complejo imaginar de forma exacta cómo se implementaría lo escrito. Sin embargo, este ejercicio proporcionó una gran destilación de ideas de todas las partes —fundadores, inversores, empleados y agricultores— sobre cómo la empresa debería crecer de manera tal que pudiera proporcionar un beneficio justo a todas las partes involucradas.

Cuando llegó el momento de la serie A de la compañía —la próxima ronda de inversión significativa para ayudar a que la compañía crezca—, Pi les facilitó una inversión líder, lo que significa que ayudamos a establecer los términos de inversión y trabajamos para fomentar a otros a unirse. Un inversor principal puede hacer o deshacer una ronda si negocia términos deficientes o se percibe de forma negativa en el mercado, puede ser que sea muy difícil recaudar el capital. Así que nos tomamos esta responsabilidad en serio y buscamos completar las tres partes de nuestro proceso: diligencia financiera, diligencia de impacto y negociación de los términos.

La diligencia de impacto tomó algún tiempo e hicieron falta varias conversaciones, pero permitió que la compañía solidificara sus prácticas fundamentales Trabajamos con la gerencia de la compañía para desarrollar una declaración de impacto sencilla, de una página, que definiera los parámetros de cómo se dividiría el riesgo y el beneficio entre las partes. Al fin, cuando negociamos los términos, acordamos que los inversores podrían pedirle a la compañía que recopilaran insumo amplio de las partes involucradas antes de que se hicieran alteraciones significativas a dichos parámetros. Más adelante se muestra el texto simple que diseñamos para articular el compromiso social.

Atendimos la división de riesgo y rendimiento en mayor detalle en cuanto estipulamos los términos de inversión, lo que definió la valoración de la compañía, los porcientos de participación propietaria y los derechos a tomar ciertas decisiones clave.

La Alianza Nacional de Capital de Riesgo ha publicado una serie de documentos guía que suelen usarse una y otra vez a la hora de llegar a acuerdos. La lógica tras esto es que estas guías efectivamente protegen a los inversores y que, por tanto, tiene sentido no reinventar la rueda en cada acuerdo de inversión. Nosotros no queríamos reinventar la rueda, pero sí queríamos asegurarnos de que el acuerdo que construimos era justo, no solo para proteger a los inversores, sino también a los agricultores y a los empleados. ¿Qué se les requería a cada uno que contribuyeran? ¿Recibían una compensación justa por su riesgo? ¿Era cada cláusula "estándar" justa con todas las partes o debían redefinirse algunas mediante el crisol de la justicia?

Cuando los agricultores y los fabricantes de chocolate trabajan con Uncommon Cacao Source + Trade, apuestan por una mejor cadena de suministro. A nivel mundial, la gran mayoría de los cinco millones de familias de productores de cacao viven en la pobreza indigente a pesar de abastecer un mercado de rápido crecimiento y alto valor. El hecho de no pagarles a los agricultores mejores precios por el cacao está causando un abandono generalizado de las parcelas de cacao a medida que los agricultores envejecen y sus hijos eligen otros cultivos o carreras. Las certificaciones tradicionales, como la de Comercio Justo, atribuyen primas al precio dictado por el volátil mercado de productos básicos. Para los agricultores de origen, la certificación requiere ser parte de una cooperativa y esto puede costarle más a la cooperativa que los ingresos recibidos a través de la prima, que rara vez llega a los bolsillos de los agricultores. Para los fabricantes de chocolate, la certificación no garantiza la entrega de un cacao de calidad. En Uncommon Cacao sabemos que la mejor manera de generar impacto es enfocarse en una paga justo por una gran calidad. En pocas palabras: ponemos más dinero en los bolsillos de los agricultores al suministrar de manera confiable a los fabricantes de chocolate el cacao de sabor fino que necesitan.

En Uncommon Cacao garantizamos un precio mínimo para los grupos de agricultores, con incentivos de precios vinculados a estándares de calidad claros. Nuestro objetivo es que los productores de cacao finalmente reciban un ingreso justo por su trabajo. Trabajamos directamente con los fabricantes de chocolate para obtener el mejor y más estable precio posible para los agricultores de nuestra cadena de suministro. Para garantizar que los agricultores se beneficien de su arduo trabajo, tenemos un límite de margen bruto del 49 por ciento en nuestro negocio. Uncommon Cacao contribuye cualquier ganancia bruta anual más allá de eso a un fondo de agricultores que está abierto para solicitudes de proyectos de asistencia técnica de todos los grupos de agricultores de cacao que trabajan con Uncommon Cacao, y que se rige por agricultores y expertos en la cadena de suministro. También compartimos el diez por ciento de nuestras ganancias netas anuales con el fondo de agricultores, para asegurarnos de que los agricultores se beneficien a medida que hacemos crecer nuestro negocio junto a ellos y con ellos.

Uncommon Cacao ofrece una cadena de suministro basada en la autenticidad y el respeto mutuo. Potenciamos a los agricultores al compartir abiertamente dónde el valor cambia de manos. Nuestra cadena de suministro ofrece un mayor valor a los agricultores y a las organizaciones de agricultores que trabajan con nosotros y nuestro compromiso con la transparencia radical establece un nuevo parámetro para la industria, que creemos que catalizará un cambio en la industria para todos los productores de cacao a nivel mundial al exponer los bajos salarios para los agricultores y dando a los fabricantes de chocolate y a los consumidores acceso a la información para tomar decisiones de compra más informadas.

Al hacer este ejercicio descubrimos que, al aceptar los términos establecidos, los inversores a menudo hacen suposiciones implícitas sobre el riesgo y la recompensa. Por ejemplo, se espera que los fondos propios de los empleados salgan de las acciones del fundador, lo que significa que el fundador asume toda la carga. Dado que valoramos y alentamos la propiedad de los empleados — no solo por nuestro deseo de justicia, sino porque motiva a las personas a dar lo mejor de sí mismas en el trabajo— pensamos: ¿No deberíamos nosotros como inversores contribuir también a las acciones de los empleados?

Con este nuevo modelo en mente, desarrollamos un documento para establecer los términos de riesgo relativo y recompensa, que luego conformaron la asignación final de la participación propietaria de la empresa:

ANÁLISIS DE RIESGO Y RECOMPENSA: UNCOMMON CACAO

Los fundadores conservan una participación mayoritaria en la empresa para facilitar la gobernanza y garantizar que se mantenga la visión y todos sentimos que están suficientemente motivados por la misión y los valores colectivos de todos los interesados para representar bien los intereses de todos. Sus acciones ya se han conferido, ya que han demostrado como equipo que tienen y continuarán agregando un gran valor. Excepto por el presidente, no son compensados y, por lo tanto, desde una perspectiva de liquidez, vienen después de los inversores, ya que comparten el riesgo y, además, han contribuido con un importante capital a lo largo del tiempo.

Los inversores principalmente aportan capital; por lo tanto, su participación en la propiedad se basa simplemente en la cantidad de dinero que ingresaron, a lo que acordamos que fue una valoración razonable. Mientras que los fundadores, los empleados y los agricultores tienen que producir un trabajo de calidad para "ganarse la vida" o ya tuvieron un período de adjudicación, los inversores aportaron el 100% de su capital por adelantado y, por lo tanto, ya han cumplido con su compromiso. Tienen algunos derechos de toma de decisiones para proteger su capital, pero no tantos como para que se interpongan en la toma de decisiones del día a día por parte de los más experimentados fundadores, empleados y agricultores mejor equipados.

Los empleados están al centro de la secuencia de riesgo-recompensa. Se les proporciona un salario digno (o mejor) o una base anual, por lo que, a diferencia de los fundadores o inversores, reciben la mayor parte de sus beneficios por adelantado. Sin embargo, reconociendo que merecen participar en el valor que se crea, y debido a que, como seres humanos racionales pueden estar motivados adicionalmente para tomar mejores decisiones a largo plazo si están pensando en la creación de valor a largo plazo, tienen la capacidad de participar de las acciones.

Los agricultores son, por naturaleza, los principales beneficiarios de todas las actividades de la empresa. Son los primeros en recibir el pago con un estándar de salario digno y, dado el límite de margen del 49 por ciento, reciben la mayoría de los ingresos de manera absoluta. Si la empresa crece según lo previsto, su participación del diez por ciento en las ganancias anuales a través del fondo de agricultores podría ser sustancial. Los agricultores también se preocupan más por el efectivo disponible año tras año y son potencialmente más transitorios que los empleados, por lo que su participación en las ganancias sea anual tiene más sentido que tener todo al final.

Sin embargo, si hay un evento de liquidez, tiene sentido que los agricultores participen en cierta medida en ese evento junto con otras partes interesadas, ya que fueron una parte importante en la construcción de la empresa. No obstante, debido a que su participación en las ganancias es anterior a cualquier participación en las ganancias de los empleados a través de dividendos, tiene sentido que el fondo de agricultores tenga menos capital que los empleados.*

*Este análisis era inicialmente un documento interno y se creó, no para hacer una declaración al mundo exterior, sino para aclarar los entendimientos entre las partes claves del acuerdo en aquello relacionado con el riesgo y la recompensa en la empresa. Se comparte con el permiso expreso de la compañía.

Debo señalar que los principales valores de una empresa son la transparencia y la calidad. La historia que estoy contando no es, irónicamente, ni siquiera central para su tesis de impacto del día a día, sino más bien, un subproducto de la determinación del equipo fundador por apoyar a la comunidad en sus propios términos. Para ellos, el proceso inclusivo y la imparcialidad tenían que ser una corriente subyacente de todo lo que sucedía en la compañía, más que simples virtudes para aprovechar un titular de relaciones públicas.

Al final del día, el esfuerzo por equilibrar el riesgo y el rendimiento entre inversores, empresarios, empleados y comunidades sirvió para fortalecer el respeto y la confianza entre estos grupos, lo que a su vez fomentó la transparencia, la calidad y el compromiso que buscaban. El tiempo dirá si esto les sirve a los objetivos de mayor rentabilidad y resultados de impacto en beneficio de todas las partes.

CAPÍTULO 9:
MAXIMIZAR EL IMPACTO

Nuestra intención con los principios de Transform Finance era hacer un marco de referencia para definir y fortalecer el impacto, uno que representara las pasadas historias. La pregunta entonces era: incluso cuando nuestras intenciones y estructuras son buenas, ¿cómo podemos asegurarnos de que verdaderamente estamos logrando el impacto que deseamos?

En los primeros días de la industria de la inversión de impacto, la medición del impacto era el tema caliente. El primer esfuerzo para estandarizar la medición del impacto se llamó el Estándar para Informes e Inversiones con Impacto (conocido como IRIS, por sus siglas en inglés) y se creó con el apoyo de la Fundación Rockefeller.[1] IRIS es fundamentalmente una taxonomía que nos permite definir términos clave. Por ejemplo, cuál es la diferencia entre un empleo a tiempo parcial y uno a tiempo completo. También les permitía a los fondos de inversión escoger sus propios indicadores y metas a partir de una lista rigurosa que podía accederse de forma gratuita en la internet. Después nace el Sistema de Calificación Mundial de las Inversiones de Impacto (GIIRS, por sus siglas en inglés), que se diseñó como una manera más específica para facilitar que las empresas pudieran enmarcar de manera general su impacto social o ambiental y proveía una plataforma muy sencilla de leer que permitía hacer comparaciones entre las compañías o carteras de inversión.[2]

IRIS y GIIRS eran (y siguen siendo) una pieza fundamental en la infraestructura del movimiento de impacto, pues aseguraban que los fondos y las empresas pudieran hacer comparaciones del impacto entre elementos exactos. Aunque dichos sistemas parecían ser muy efectivos en *medir* el impacto, no eran herramientas diseñadas específicamente para *administrarlo* y asegurarse que se mejorara con el paso del tiempo. Hay un decir en los negocios de que, "lo que se mide, se administra", pero lograr el objetivo principal, por supuesto, requiere saber cómo administrar, no solo cómo medir.

Así es como la administración financiera funciona: las compañías establecen estados financieros trimestrales y proyecciones de flujo de efectivo para el uso tanto de la administración como de los inversores. El equipo de administración conduce un análisis centrado alrededor de las preguntas acerca de cómo los logros se alinearon con las proyecciones, las prácticas que los llevaron a ser más eficientes, qué otras acciones se tienen que ejecutar para mejorar el desempeño, y aspectos por el estilo. Más adelante, estas preguntas ayudan a moldear las actividades del siguiente trimestre, que será tomado en cuenta una vez más en la sucesiva revisión. Dependiendo del desempeño, los miembros del equipo administrativo serán recompensados o despedidos.

Ahora imagine que una compañía solamente produce un estado financiero al final del año que diga: "Este año, hemos hecho *x* cantidad de dinero y hemos gastado *x* cantidad también. No tenemos metas para el siguiente año y nuestra compensación no se verá afectada por lo que estamos reportando. Nuestro próximo informe será en doce meses".

Ciertamente esta es una manera de medir, pero no de administrar. Y, aun así, este fue el tipo de informes que guio nuestra primera generación de fondos de inversión de impacto. Muchas veces los reportes consistían en indicadores simples como cuántas personas se beneficiaron, cuántas de estas eran mujeres y cuánto dinero se invirtió. No se le añadían más detalles sobre cuán profundamente las intervenciones ayudaban a cambiar las vidas y tampoco iban más allá al proponer estrategias para mejorar el impacto en el futuro.

Ahora ponemos más atención en la *administración activa del impacto* activo. Sí, nuestra inversión tuvo un impacto verificable de *x* hasta hoy, pero ¿cómo nos aseguramos de que ese impacto sea *x más 1*, e incluso de *x por 10* mañana? ¿Cómo evaluamos a los gestores de fondos y a los emprendedores por su contribución, y cómo deciden ellos cuáles son las métricas más relevantes para las comunidades a las que sirven y para los inversores a los que responden?

Este tipo de gestión del impacto activo ha sido el emblema de nuestra práctica desde el momento en el que nos dimos cuenta de que teníamos la oportunidad para hacer que la industria haga las cosas mejor. Nos ha entusiasmado mucho el hecho de ver que varios gestores de fondos, como nuestros colegas en HCAP Partners, han tenido el mismo entusiasmo por implementar prácticas de gestión de impacto activo junto con las prácticas de medición. Esperamos que esto sea algo que los futuros inversores y emprendedores consideren en un futuro.

Cuando pensamos en métricas significativas para que guíen la gestión de la industria de impacto, se debe considerar con más detenimiento si algunas de las métricas que hemos utilizado hasta ahora para evaluar reflejan de manera veraz o no lo que se supone que midan.

Por ejemplo, la creación de empleos es una de las actividades primordiales en las que la inversión de impacto se ha centrado para atajar la pobreza mundial y, por tanto, la "tasa de empleos creados" es, a menudo, citada como un instrumento de medición contra la pobreza. En el 2015 pasé por uno de esos momentos vergonzosos en los medios en lo que fue un artículo fantástico sobre el trabajo de Pi. Un periodista considerado y bienintencionado de *The Guardian* inadvertidamente me citó fuera de contexto, diciendo que: "La creación de empleos es una medida sin sentido alguno". No era la primera vez que mi candidez me metía en problemas. De hecho, mi hermana —la experta en museología Nina Simon— y yo fuimos el primer dúo de hermanas en ganar un premio de broma en nuestra graduación de secundaria por ser "las defensoras de los derechos de las demás". Mi madre exhibe orgullosamente este certificado enmarcado sobre su escritorio y lo llama "el premio a las bocazas". En fin, por supuesto que las cifras de creación de empleos sí tienen un gran peso, pero la medición de la creación de empleos también es un buen ejemplo de cómo medir simplemente, sin mayores consideraciones sobre la gestión y de los resultados finales, limita el potencial que tenemos de tener un impacto.

El Banco Mundial estima que, de acuerdo con el crecimiento poblacional mundial, serán necesarios seiscientos millones de empleos para el 2020 y doscientos millones de ellos deberán ser en economías emergentes.[3] Las empresas pequeñas y emergentes, el vehículo que prefieren los inversores de impacto después de las microfinanzas para promover la creación de empleos y de medios de subsistencia, han demostrado estar críticamente ligadas al crecimiento producto interno bruto (PIB) y a reducir, en general, la pobreza en los países en vías de desarrollo.[4] El crecimiento de estas se supone que ayude a las personas pobres mediante dos mecanismos: crea empleos, que les proveen los ingresos que tanto necesitan; e impulsa el crecimiento del PIB, lo cual, en teoría, ayuda a la salud económica de un país y a reducir la pobreza. Pero estas suposiciones tienen algunas carencias significativas que necesitan abordarse antes de que podamos completamente apoyar la creación de empleos como una estrategia para reducir la pobreza mundial.

Vivimos en un planeta de recursos finitos. Por diseño, el PIB no podrá crecer infinitamente. Aunque a corto plazo es lindo mostrarles a los inversores los gráficos de crecimiento positivo, no se puede depender de parchos inmediatos para lograr soluciones a largo plazo. Esto es particularmente importante para aquellos que pensamos regionalmente y no solo localmente dado a que, en el contexto de la competencia global que existe para llegar a los sueldos y estándares ambientales más bajos, el éxito de un país podría significar la ruina de otro. Por ejemplo, si una compañía se muda a un país pobre debido a que el costo de hacer negocio es más bajo, le quita a otro país los mismos trabajos y se reducen los salarios mundiales en general. Es imperativo que las personas enfocadas en la reducción de pobreza repiensen en sí al PIB, y que lo vean como una medida comparativa. Sencillamente no considera todas las variables necesarias para un impacto verdaderamente positivo en la sociedad y en el medio ambiente.

Además, aunque pudiese existir una correlación entre el aumento del PIB y la reducción de la pobreza, no hay evidencia suficiente en cuanto a la correlación del PIB con la desigualdad. Ciertamente existen varios ejemplos de países, como India y Brasil, que, a pesar de un crecimiento milagroso en su PIB, siguen sumidos en la desigualdad y son los países con la mayor población de gente pobre. En contraste, existe el caso extremo de los Estados Unidos, que tiene el PIB más alto del mundo. En el 2012, el uno por ciento más rico de la población estadounidense recibió el 93 por ciento del crecimiento de ingresos.

Muy a menudo, el desarrollo de las empresas pequeñas y en crecimiento es un intento de replicar un modelo estadounidense de mercado libre, pero a nivel internacional. ¿Deberíamos promover un modelo que facilite que persistan tales desigualdades extremas? Como dijera un economista del Fondo Monetario Internacional al *New York Times*: "cuando un manojo de yates se convierte en cruceros y el resto todavía está en rudimentarias canoas, algo anda verdaderamente mal"[5]. Así es. Enfocarse en la creación de empleos sin enfocarse de igual forma en las desigualdades solo refuerza esta dicotomía.

Lo más importante es que la pobreza no solo es causada por la falta de empleos, sino también por la proliferación de empleos mal pagados. La Organización Internacional del Trabajo define a los trabajadores pobres como aquellos que están trabajando o buscando empleo. En el caso de los países en desarrollo, tanto los pobres que trabajan como los que no trabajan sufren tasas parecidas de pobreza. Esto sugiere que, especialmente sin seguridad social, hay una compulsión operando para que las personas pobres acepten trabajos de baja calidad que, a menudo, no conllevan un aumento significativo en los ingresos.

Entre aquellos en países en vías de desarrollo que tienen empleos, el 34.9 por ciento vive en pobreza moderada o extrema. Casi una cuarta parte de estos trabajadores devengan un salario, mientras que el resto trabajan por cuenta propia. Este porciento refleja que hay más de seiscientos cuarenta millones de trabajadores asalariados que viven con menos de 3,10 USD$ al día.[6]

¿Están estas personas empleadas en una mejor posición que sus contrapartes autoempleadas y bajo el mismo nivel de pobreza? ¿O corren un riesgo mayor en cuanto a la incertidumbre de su ingreso si se considera que tienen una mayor posibilidad de convertirse en emigrantes económicos con acceso limitado a bienes productivos como la tierra? Les dejaré esta pregunta a los estadísticos, pero solo por teorizar un rato, digamos que vivir con menos de 3,10 USD$ al día es un gran reto, ya sea que esta cantidad sea por un salario o porque uno mismo lo haya generado. Presumiré que en ambos casos las oportunidades de avanzar son mínimas. En efecto, y para citar al economista Gary Fields, no tenemos un problema mundial de desempleo: tenemos un problema mundial de *empleo*. Los trabajos que creamos son precisamente lo que mantiene a la gente sumida en la pobreza.[7]

Esta es la razón por la que organizaciones como la Red de Emprendedores de Desarrollo de Aspen (ANDE, por sus siglas en inglés) han intentado definir que son los empleos de "calidad", mientras que otras arguyen que no debemos enfocarnos en empleos en lo más mínimo. La subsistencia puede surgir de varias vías diferentes y el empleo es solamente una de las opciones. Hace algún tiempo estuve en un panel con la líder indígena Winona LaDuke, quien expresó que: "Mucha gente viene a nuestra reservación a hablar de generación de empleos. No queremos empleos a tiempo completo. No queremos salir de la reservación para trabajar en Walmart. Queremos preservar la manera en la que históricamente nos hemos ganado la vida". Desde su punto de vista, un enfoque estrecho en los empleos era una distracción de los problemas más profundos en cuanto a la prosperidad y la autonomía en general.

Finalmente, el mero enfoque en crear empleos hace que se pierdan las diferencias significativas entre los empleos y los activos. La capacidad de un individuo para amasar riquezas se basa en una variedad de factores mucho más allá del empleo, como la herencia, los bienes inmuebles y la educación. Aunque un empleo puede proveerle una mejora a corto plazo a una unidad familiar, tomará generaciones para reponer la caída de activos a la que pudiera estarse enfrentando la familia. Asimismo, los activos son los mejores indicadores de inequidad, pues reflejan los límites de la movilidad económica, social y política. Por ejemplo, el salario promedio de un hombre negro en los Estados Unidos es 25 por ciento más bajo que el de su contraparte blanca. No obstante, la estadística más espeluznante es que la familia negra promedio en los Estados

Unidos tiene *veinte veces menos activos* que las familias blancas.[8] La creación de empleos pudiera ayudar a lidiar con la distribución de ingresos, pero no hace mucho por atajar la distribución de activos y, por consiguiente, tampoco lo hace por la pobreza a largo plazo que es, con frecuencia, intergeneracional.

Volvamos atrás de la creación de empleos a considerar qué significa ser pobre. Como mencioné en el capítulo 2, defino la palabra pobreza como no poder escoger vivir la vida de manera tal que respete las necesidades físicas, los valores culturales, el contexto social y político, y las obligaciones familiares. Lo que constituye la pobreza según esto por supuesto que varía por país y por región, por lo que exhorto a los inversores de impacto a repensar la manera en la que nos aproximamos a entender el concepto de reducción de la pobreza como si se tratase de una fórmula económica simplista. Consideremos las siguientes preguntas:

¿Qué pasaría si nos enfocáramos, no solamente en la generación de ingreso, sino en la construcción de activos para individuos y comunidades?

¿Qué pasaría si nos orientáramos hacia los medios de subsistencia culturalmente apropiados en vez de limitar nuestro punto de vista a emplear con un salario?

¿Qué pasaría si nos enfocáramos en la equidad con la misma fuerza con la que nos enfocamos en el crecimiento?

Si reflexionamos sobre estas preguntas, quizá sigamos considerando a la creación de empleos como un criterio importante para la inversión de impacto. Ciertamente, si abrimos la mente e intentamos otros acercamientos para enfrentar otros criterios esenciales para el crecimiento sostenible en las economías en desarrollo (o en los mercados locales emergentes), nos sentiríamos mucho más seguros de que los dólares que invertimos para el impacto realmente lideran la reducción de la pobreza mundial y ayudan a más comunidades autónomas. En vez de simplemente medir la creación de empleos, pudiéramos ampliar la lista de métodos de medición y, lo que es más importante, administrar el impacto alrededor de esas medidas para asegurarnos de que se alcancen los resultados en la reducción de la pobreza que tanto buscamos.

¿Cómo la gestión enfocada en el objetivo más amplio de reducir la pobreza —en vez de solo en la creación de empleos— cambia la imagen de una empresa? Dos empresas nos proveen ejemplos interesantes.

Liberty & Justice es una sociedad tenedora de acciones con presencia en Estados Unidos y África, con un enfoque fuerte en subsistencia y construcción de activos.[9] Uno de sus cofundadores, Chid Liberty, quería disminuir la tasa de desempleo de 90 por ciento que imperaba en Liberia, así que construyó la primera fábrica de comercio justo en África: una planta manufacturera de ropa que empleaba a más de cien mujeres. Estas mujeres no solo tenían acceso a empleos de alta calidad, también eran dueñas del 49 por ciento de la fábrica y las capacitan para que algún día puedan administrarlas y ser las dueñas absolutas.

Los inversores de Liberty & Justice participan de una compañía de comercio estadounidense que tiene fábricas en varios países en África y se aseguran de que cumplan con los parámetros internacionales de calidad. La visión de Chid no era solamente crear buenos empleos para mujeres, sino también cerrar la brecha de activos. Desde entonces ha expandido la marca Liberty & Justice para crear una línea de ropa que también provee uniformes gratuitos a los niños de Liberia y lo más importante, mantuvo a las mujeres empleadas durante la crisis del ébola.

Otra empresa que, de manera similar, ha trabajado para lograr unas condiciones equitativas para sus trabajadores es Namaste Solar, una compañía de energía solar ubicada en Colorado que funciona como una cooperativa de trabajadores. Los más de 160 empleados de Namaste tienen la opción de comprar una acción de la compañía y tienen una escala salarial clara que especifica que el empleado que más gana no puede ganar más de seis veces que el que gana menos. Este énfasis en la propiedad democrática y cooperativa con un salario relativamente equitativo ha creado una empresa de codueños que realmente se responsabilizan por su compañía, lo que ha reducido significativamente la rotación de personal y ha ayudado a incrementar las ganancias.

¿Qué aspecto tiene un *fondo* cuando gestiona para reducir la pobreza y para crear empleos de calidad en vez de solo para crear empleos de manera convencional? Esto es incluso más complicado, porque un fondo tiende a pensar en el bienestar y los problemas de varias compañías al mismo tiempo. No obstante, tal y como Pi Investments descubrió junto con HCAP Partners, sí se puede.

Pi estaba interesado en apoyar la misión creciente de HCAP Partners para crear empleos de calidad en comunidades históricamente desventajadas en los Estados Unidos; considerando otros criterios más profundos, como un salario digno, beneficios y oportunidades para ser propietarios de la empresa. Las lecciones aprendidas entre Pi y HCAP podrán, espero, proporcionar algunas revelaciones acerca de la manera en la que los socios comanditarios pueden trabajar de la mano de los socios principales para incentivar la gestión activa de impacto, no solo la medición, y asegurarse de que los fondos superiores de impacto pueden seguir innovando y planteando las mejores prácticas dentro de la industria independientemente del sector o el lugar.

IMPACTO 1.0: MEDICIÓN DE CALIDAD

HCAP Partners, conocido anteriormente como Huntington Capital, se fundó en el año 2000 con la misión de generar un rendimiento por encima del mercado mientras generaban pronósticos positivos en comunidades y en negocios en condiciones desfavorables. Sus primeras dos carteras, fondos tipo I y II, mostraron una ejecución exitosa y generaron una cantidad importante de empleos para personas en condiciones desfavorables, incluidas las mujeres y personas de minorías étnicas que vivían en vecindarios estadounidenses con ingresos bajos o moderados. HCAP Partners ha aparecido de forma constante en la lista ImpactAssets 50, un escogido de los mejores gestores de fondos, y le han reconocido por sus procesos efectivos de medición de impacto. En su informe de impacto del año 2013 comparten los siguientes datos:

- HCAP ha invertido ochenta y siete millones de dólares en Fondos I y II.

- Setenta y cinco por ciento de su cartera de inversiones cumplía con los lineamientos de la Administración de Pequeñas Empresas de los Estados Unidos para compañías en condición vulnerable.
- Cincuenta por ciento de las empresas de su cartera están ubicadas en regiones con un bajo a moderado nivel de ingreso.
- Estas compañías apoyan a 2,262 empleados en una combinación de empleos nuevos y sostenidos en sectores que están desapareciendo, como la manufactura.
- Sesenta y tres por ciento de los empleados son de minorías étnicas.
- Cuarenta y tres por ciento de las empleadas son mujeres.[10]

IMPACTO 2.0: GESTIÓN DE CALIDAD

En Pi Investments sabíamos que pocos fondos en los Estados Unidos se enfocan en generar oportunidades para comunidades históricamente en desventaja y, por lo tanto, nos intrigaba saber más sobre el trabajo de HCAP Partners. Tenía una trayectoria impresionante y proveía un tipo relativamente único de capital —deuda intermedia con potencial de crecimiento— en un segmento marginado de las compañías medianas.

Al mismo tiempo, estábamos —y todavía lo estamos— reacios a apoyar inversiones en fondos donde la intención única de impacto sea la creación de empleos. Es obvio que las comunidades desfavorecidas con altas tasas de desempleo necesitan trabajo. A menos que estuviéramos habilitando innovación real o generación de nueva demanda, no se puede hacer mucho más que mover empleos de un vecindario a otro. Incluso cuando se crean empleos nuevos en comunidades de bajos ingresos, si pagan mal entonces por definición son lo que *precisamente* mantiene a estas comunidades enfrascadas en círculos de pobreza.

En vez de contabilizar empleos, nos interesaba más transformar los empleos de baja calidad a empleos de alta calidad. Desde esta perspectiva, nos acercamos a HCAP Partners con el planteamiento de que, aunque estábamos impresionados con la medición de impacto con respecto a seguir de cerca la creación de empleos, queríamos trabajar con ellos para mejorar el *resultado* del impacto y asegurarnos de que los empleos establecidos llevaran a las personas a mejorar su calidad de vida. El proyecto conllevaría trabajar de cerca con empresas de cartera no solo en términos de la creación de valor económico —ayudar a que las empresas crezcan— sino en la "creación del valor de impacto": ayudar a que las compañías crezcan de manera tal que también beneficie a sus trabajadores. Las empresas ya estaban recolectando los datos requeridos, pero no necesariamente sabían por qué lo hacían. No estaban recibiendo retroalimentación acerca de las mejores prácticas y cómo mejorarlas e incluso aunque quisieran tratar bien a sus empleados, no siempre tenían las percepciones adecuadas acerca de lo que era valioso para los trabajadores para mejorar su calidad de vida o cómo implementar más parámetros a los que aspirar.

El reto de enfocarse en los resultados del impacto no eran algo único de HCAP Partners. Muchos gestores de fondos como HCAP trabajan incansablemente para lograr rendimientos por encima del mercado para sus inversores mientras cumplen con una gama de requisitos de datos de impacto como los criterios estipulados en la Ley de Reinversión Comunitaria y los indicadores IRIS para su base diversa de inversores. Sin embargo, esta aproximación a la medición de impacto está, por naturaleza, enfocada principalmente en el *rendimiento* y no en los *resultados* ni en la *adicionalidad,* que es el valor que un gestor de fondos particular puede proveer con respecto a otros.

CREAR UN SISTEMA DE GESTIÓN DE IMPACTO

Los fundadores de HCAP Partners creían en la fortaleza de sus mediciones, pero estaban estratégicamente interesados en aumentar las exigencias. Esto significaba poder demostrar cómo sus inversiones estaban en efecto creando oportunidades de empleo y de propiedad de alta calidad para reducir la pobreza en las comunidades de ingresos bajos o mediano. Abrazaron la idea de un marco de referencia de gestión de impacto, dispuestos a colaborar para diseñarlo en conjunto. Nosotros éramos generalistas con solo una experiencia superficial en varios sectores y reconocíamos que teníamos que educarnos en lo que significaba calidad de empleo si queríamos ayudar a HCAP Partners. La primera tarea consistía en asegurarnos de que realmente escuchábamos las voces de personas con bajos ingresos y priorizar sus necesidades.

Recurrimos a Transform Finance, nuestro aliado natural dada mi relación como cofundadora y nuestras misiones en común. Junto a otros colegas cercanos de la Fundación Ford, Transform Finance nos ayudó a entrevistar a defensores y líderes de organizaciones de derechos de trabajadores —como Jobs with Justice, el Centro de Derechos Laborales de la Universidad de Berkeley y a *Partnership for Working Families*— para identificar las prioridades de los trabajadores que devengaban ingresos bajos.[11]

Mientras algunas prioridades —como la salud y el salario mínimo— eran predecibles, otras nos sorprendieron. Por ejemplo, los trabajadores con bajos ingresos encuestados en los Estados Unidos tendían a valorar los días pagos por enfermedad incluso más que los aumentos salariales y, particularmente, la oportunidad de poder tener tiempo libre para apoyar a familiares enfermos. Como profesionales, es difícil imaginar la idea de que no podemos salir temprano del trabajo para recoger un hijo enfermo en la escuela, pero para la mayoría de los trabajadores mal pagados en los Estados Unidos esta es una realidad. También aprendimos que tener la opción de que los empleados tuvieran participación propietaria de la empresa —un esquema típicamente limitado a las compañías tecnológicas—es una gran fuerza motivadora y un catalizador de productividad dentro de las compañías de diversos sectores. Las revelaciones provistas por las organizaciones a las que consultamos fueron un buen recordatorio para que los inversores (que muchas veces se denominan "los expertos") reconozcan que necesitan salir de sus redes tradicionales y asegurarse de que las prioridades establecidas reflejen la perspectiva del beneficiario.

Una vez tuvimos una primera lista de prioridades (cuidados de salud, días de ausencia pagados, un salario justo, capacitación y oportunidades de crecimiento y titularidad entre los empleados o compartir las ganancias)*, le solicitamos a Transform Finance que determinara también el impacto económico de implementar esas políticas en las compañías. Debido al compromiso de HCAP Partners de lograr un rendimiento por encima del mercado, y el hecho de que una compañía con mal rendimiento no puede crear ni sostener *ningún* empleo, ya sean de buena o mala calidad, sabíamos que esto era de una importancia crucial.

La buena noticia es que la evidencia muestra, de manera avasalladora, que tratar bien a los trabajadores mejora el rendimiento de la compañía y, por consiguiente, el rendimiento de los fondos. A continuación, algunas cosas que aprendimos:

- *Los días pagos por enfermedad aumentan la motivación y la productividad.* Un estudio realizado en el año 2014 acerca de la Ley de Días Pagados de Connecticut —el primer estado que implementó una política así en los Estados Unidos— encontró que después de que la ley fue

---

* Pensándolo a modo retrospectivo, se nos escapó algo. También debimos haber hecho referencia a la campaña *"Ban the Box"*, que les pide a los empleadores a que participen de prácticas justas de reclutamiento cuando evalúan las solicitudes de personas que estuvieron encarceladas en algún momento. Por ejemplo, los empleadores pueden optar por no hacer una investigación de antecedentes hasta que ya se haya enviado una carta provisional de oferta, en vez de preguntar en el primer formulario de solicitud. Así se considera con más detenimiento si dicho historial va a tener algún efecto sobre el desempeño del candidato. Esto se remonta al hecho de que la educación social es una actividad constante. ¡Sé ahora más de lo que sabía cuando empecé a trabajar con HCAP! Involucrar a las compañías y a los fondos en esta iniciativa es ahora una parte intrínseca de nuestro trabajo.

implementada en el año 2012, un tercio de los negocios reportaron un incremento en la motivación de sus trabajadores, mientras que el quince por ciento vio incrementos en la productividad y una reducción en la propagación de enfermedades. Asimismo, solamente uno de diez negocios reportó tres por ciento o más de incremento en sus costos de nómina, que probablemente es compensado por la ganancia en productividad y motivación.[12]

- *Los días pagados de enfermedad previenen el "absentismo presencial".* El absentismo presencial se refiere a cuando los trabajadores que están enfermos van a trabajar, pero no se sienten bien y no son productivos. El costo para la empresa de que sus trabajadores vayan enfermos o con alguna discapacidad es mucho más alto que el del ausentismo por unos ciento sesenta mil millones de dólares al año, según un estudio.[13]

- *Pagar un salario justo reduce la rotación.* Está más que demostrado que los costos de rotación de personal son de hasta 1.5 a 2.5 veces más costosos que el salario anual de un empleado.[14]

- *Pagar un salario justo reduce los robos cometidos por empleados. Los* empleados a los que se les pagan mejores salarios son menos propensos a robar y, quizás más interesantemente, menos propensos a confabularse con otros para robar.[15]

- *La participación propietaria de los empleados reduce la rotación, aumenta la productividad e incrementa el compromiso general con el bienestar de la empresa.* Cualquier persona que haya tenido acciones sabe esto de manera intuitiva. Según investigaciones de la Universidad de Rutgers, incrementar la participación propietaria de los empleados lleva a un aumento permanente de cuatro por ciento en la productividad y de dos por ciento en el valor de las acciones.[16]

Convencidos de que podíamos ofrecer algunas aproximaciones que mejoraran tanto el impacto social del fondo como su rendimiento, trabajamos con HCAP Partners para crear el *Gainful Jobs Approach* (el Acercamiento de Empleos Retribuidos) a la gestión de impacto mediante un marco referencial "de piso y escalera". Este sistema requiere que todas las compañías del fondo cumplan con los requisitos básicos mínimos (definidos en conjunto) en cinco áreas —salario digno, cuidado de salud, días pagados, oportunidades de crecimiento y participación propietaria de los empleados— o mostrar un plan para lograr este "piso" mínimo en un periodo de un año posterior a la inversión. Las compañías luego tendrían que estipular los objetivos anuales para subir la "escalera de metas", con el apoyo necesario del equipo de gestión de HCAP Partners y de los consultores.

Así como cualquier fondo sostiene reuniones al menos trimestrales con la administración para evaluar el rendimiento económico y tratar de ayudar a apoyar que se alcancen los objetivos clave, este marco de referencia hace explícito para la compañía cómo puede mejorar su desempeño y es, además, una guía clara para el fondo en cuanto al trabajo que tiene que hacer con su cartera.

También asegura que los socios comanditarios de los fondos, en vez de solo medir los resultados luego del hecho, de forma activa creen un "valor de impacto" a la par con el valor económico.

LA IMPLEMENTACIÓN DEL IMPACTO

El equipo de HCAP Partners intuyó que este marco de referencia les permitiría poner sus valores en acciones concretas. Entendió que un énfasis tan claro en el impacto les daría una ventaja competitiva con respecto a otros fondos, y atraerían a miembros de fondos que creyeran verdaderamente en la misión de tratar a los trabajadores dignamente y que quisieran un inversor con los mismos valores. Socios comanditarios enfocados en el impacto, como la Fundación Heron, la Iniciativa Blue Haven y la Fundación Northwest Area ya habían estado apoyando el trabajo de HCAP Partners y este marco de referencia llevaría las cosas al próximo nivel.

Hasta este momento todavía nos estaban cortejando y, por tanto, teníamos ciertas dudas acerca de si los administradores de fondos estaban diciendo lo que queríamos escuchar en un esfuerzo por atraer nuevos inversores. También teníamos dudas de que, incluso si su compromiso era genuino, las compañías en su cartera todavía pudieran ignorar sus peticiones. Sabíamos también que el monto del compromiso de inversión que podíamos proveer sería pequeño comparado con el de otras instituciones que invertían en el fondo y que la administración con razón no se comprometería con implementar cambios que no sirvieran a la misión de HCAP Partners de lograr rendimientos por encima del mercado a la vez que se lograba un gran impacto. La confianza depositada en la competencia del equipo y su profesionalismo eran un factor primordial.

Lo que al final nos convenció de que HCAP Partners estaba verdaderamente comprometido con la excelencia tanto en el rendimiento como en el impacto social era que su administración planteó preocupaciones muy legítimas sobre cómo las compañías que financiaban implementarían el marco. Asimismo, porque plantearon algunas ideas innovadoras para intentar asegurarse de que la implementación sería efectiva. El equipo también se mostró igualmente preocupado por la ejecución y querían asegurarse de que su compromiso fuese realista y de acuerdo con sus valores.

Ya que HCAP Partners es, principalmente, un proveedor de deudas y, por tanto, tienen una participación limitada en las compañías, el fondo es, por naturaleza, un inversor minoritario con control limitado sobre las empresas de su cartera de inversiones. Sin embargo, HCAP Partners no quería que ninguna compañía tomara su dinero y aceptara sus disposiciones de calidad de empleo si de verdad no tenía la intención de implementar. Aunque las prácticas de impacto a menudo se incluyen en los acuerdos de préstamos, a menos de que un gestor de fondos en realidad quiera estipular una disposición supletoria fundamentada en la falta de capacidad de una compañía de producir resultados de impacto (algo que no es probable que suceda), es muy difícil hacer cumplir dichas disposiciones.

HCAP Partners además trabaja en compañías de mediano tamaño en diferentes sectores que no están clasificadas típicamente como "empresas sociales", por lo que el impacto no está necesariamente inscrito en su ADN. Como fondo, pudiera tener mucho más impacto potencial que otros si estas compañías se movieran dentro del espectro del impacto. Esta es una idea emocionante, pero también es un reto adicional cuando se plantea presentar nuevas ideas en cuanto a la calidad de los empleos.

La solución propuesta por HCAP fue proveer incentivos para que la administración implementara prácticas de impacto que se enfocaran en motivar más que en los requisitos relacionados al acuerdo. Debido a que su deuda se estructura con varias funciones inesperadas para generar ganancias (lo que significa que HCAP Partners puede ganar más dinero si la compañía tiene éxito), una manera que HCAP ideó para fomentarles a las compañías a que implementaran cambios era proveerles más incentivos económicos. El tipo de incentivo todavía está por verse, pero es este tipo de razonamiento innovador sobre la gestión de impacto lo que llevará al sector a tener mejores resultados, más allá de un mero rendimiento.

HCAP Partners de igual forma quería asegurarse de que desarrollaran la suficiente experiencia en cuanto a prácticas de calidad de empleo para convertirse en un asesor con credibilidad para el resto de las empresas de su cartera de inversiones. Se comprometió con contratar un asociado de impacto a tiempo completo que hoy lidera el trabajo en la estrategia de la gestión de impacto y apoya a las compañías de la cartera de manera constante.

Al expresar sus reservas justificables del marco de referencia propuesto y al mismo tiempo traer maneras innovadoras para implementarlo, HCAP probó estar comprometido con mejorar las prácticas de gestión de impacto con o sin nosotros, y quizás hasta de una manera mucho más amplia de lo que imaginamos. Nuestras misiones estaban claramente alineadas.

Hoy apoyamos con orgullo a un fondo que creemos que tiene el potencial de liderar el camino de mejores prácticas de inversión de impacto y, más importante, la misión de asegurarse de que miles de personas trabajadoras —principalmente mujeres y personas de comunidades racializadas de los Estados Unidos— puedan transitar de la pobreza a la estabilidad.

Por ejemplo, una de las inversiones hechas por HCAP Partners después de la implementación del nuevo marco de referencia de calidad de empleos fue Noribachi, una manufacturera de lámparas LED en Los Ángeles. Los fundadores de Noribachi han estado muy enfocados en la calidad de los empleos, tanto como una manera cultivar su fuerza de trabajo como para reflejar sus valores sociales. Creen que tienen que proveerles carreras a las personas, no solo empleos, y han estado haciendo algunas prácticas inusuales en la industria de la manufactura:

- Todos los miembros del equipo son empleados con beneficios. No hay personas subcontratadas.
- Todos los empleados tienen acciones y reciben educación financiera sobre el valor de estas, no solo los administradores.
- Todos los empleados pueden probar diferentes puestos en la fábrica y en las oficinas sin penalización de salario, como una manera de entender mejor sus competencias e intereses claves.

- Las finanzas de la empresa son un libro abierto y todos los administradores tienen una política de puertas abiertas.
- La educación es continua y está disponible para todos, incluso se ofrece una clase de matemáticas a las seis de la mañana que imparte el presidente de la compañía (un doctor en matemáticas).

A pesar de tener diferentes opciones que les proveyeran capital, los fundadores de Noribachi estaban particularmente entusiasmados con la idea de trabajar con HCAP Partners porque compartían su visión de calidad de empleos. Esto en sí era una confirmación de que el compromiso de HCAP se había convertido en una ventaja competitiva para el fondo a la hora de procurar negocios.

La trayectoria de HCAP, así como sus consideraciones de impacto y su voluntad de confiar en los socios comanditarios y sin fines de lucro para lograr apoyo puede y debería ser un modelo para los fondos del sector. Aun así, a fin de cuentas, es poco lo que un solo fondo o socio comanditario puede hacer para mejorar una industria completa. Tanto en Pi como en HCAP estábamos emocionados con que Transform Finance haya asumido el trabajo inicial y lo haya expandido para convertirlo en una iniciativa para llevar más fondos de impacto a nivel local y haya fomentado la creación de empleos de calidad en toda la industria.

Para los gestores de fondos y los que aspiran a serlo, sobre nosotros recae el peso de diferenciar claramente entre los resultados y el rendimiento a medida que analizamos el potencial de impacto sobre aquellos que puedan ser posibles financiados. Los financiados, al igual que los inversores, están en el negocio porque quieren lograr cambios positivos, no solo medir el impacto desde el espejo retrovisor. Así, pues, le hago esta pregunta: ¿Guiará su impacto mirando hacia adelante o mirando hacia atrás?

CAPÍTULO 10:
EL IMPACTO REAL A ESCALA

Ya hemos recorrido un nuevo enfoque a las inversiones de impacto y delineado una estructura de gestión para implementarla. La siguiente pregunta natural sobre los principios y el enfoque de Transform Finance es: ¿Podemos realmente implementar esto a escala o estamos fetichizando ciertos proyectos de alto impacto? Ciertamente, en un nivel micro, tenemos que ser cuidadosos con nuestras prácticas personales como tendedores de puentes. En un nivel macro, trataremos de ser más cuidadosos acerca de las preguntas en las que nos enfocamos a medida que escala la industria. Y luego está el paso intermedio: incluso cuando trabajamos juntos para hacer crecer una industria más inteligente e impactante, ¿qué podemos hacer a nivel de nuestra cartera para comenzar a elaborar inversiones más transformadoras?

Como saben los inversores, es un gran desafío construir una cartera que siga una tesis de inversión coherente, especialmente en todas las clases de activos. Varios informes han demostrado que, de hecho, puedes causar un impacto en una cartera de inversiones mientras logras o superas las tasas de rendimiento del mercado, aunque con un enfoque de impacto muy amplio.[1] ¿Sería posible construir de manera similar una cartera completamente enfocada en el impacto, como ya lo habían hecho los pioneros en el campo, pero con un énfasis mayor en la justicia social, tal y como se contempla en los principios de Transform Finance?

Esta es la pregunta que buscamos responder en el 2012 cuando empezamos a apoyar a una miembro extremadamente considerado de la familia Pritzker, que estaba comprometida con la justicia social. Ella y el esposo son el tipo de personas de las que uno siente cierto recelo porque tienen la capacidad de vivir la vida de una forma increíblemente gentil. Siempre llevan consigo una taza reusable al café, andan en bicicleta por casi todas partes (con los niños a cuestas), están involucrados en luchas por la justicia social y, en general, son extremadamente conscientes con respecto a las decisiones que toman en la vida cotidiana, de una forma discreta que es, sencillamente, considerada y no aborrecible.

No obstante, su cartera de inversiones no los representaba en lo absoluto. Eran, financieramente, como veganos vestidos con abrigos de visón rosa brillante. No era su culpa: simplemente invirtieron en los mismos productos financieros en los que hubiera invertido cualquier persona que pusiera el pie en una típica institución financiera. Guardaban el dinero en un banco de renombre conocido por sufragar la minería y el acaparamiento de tierras en Sudáfrica, así como su papel protagónico en la crisis hipotecaria que dejó a miles de propietarios de viviendas en los Estados Unidos en la calle. También, como la mayoría de los inversores, tenían participaciones significativas en el mercado bursátil, donde entre cientos de compañías públicas había unas muy populares dedicadas a la fracturación hidráulica, así como a prisiones privadas, compañías tabacaleras y otros bancos que hacen otras cosas deplorables. Usted puede o no tener el nivel de riqueza de esta familia, pero es probable que su cartera de inversiones se parezca mucho a la de ellos.

Se acercaron a su asesor financiero tradicional para ver qué podían hacer para cambiar su cartera y se vieron decepcionados por las ofertas de productos en el mercado que tenían enfoques de impacto muy generales. Se dieron cuenta de que, si querían cambiar fundamentalmente su enfoque, iban a necesitar una estrategia integral y ayuda para salir del ámbito tradicional de los asesores financieros.

Primero hicieron lo que muchos hacen cuando intentan algo nuevo: se acercaron a una persona que conocían y en la que confiaban. Aner Ben-Ami era un viejo amigo de la familia que compartía una visión de mundo similar a la de la familia en cuanto a la responsabilidad social. Debido a sus inclinaciones sociales, era una de las pocas personas que conocían que tenía un máster en Administración de Empresas. Después de la facultad de empresas, Aner trabajó en el Boston Consulting Group (BCG). Cuando se es consultor, hay que convertirse con rapidez en el mejor experto que se pueda sobre un tema del cual se puede haber comenzado a conocer hace muy poco tiempo y luego ayudar a organizar la información de una manera que ayude a otros a tomar decisiones. Esto es un conjunto de habilidades muy aplicable al ámbito de las inversiones. En septiembre de 2012, Aner dejó BCG y aceptó incorporarse para ayudar al asesor financiero de la familia a que diseñara un plan de acción. Este trabajo inicial llevó a que se fundara Pi Investments.

Como parte de su esfuerzo inicial para aprender sobre el campo de la inversión social, Aner unió a Toniic. En ese momento, yo era la directora ejecutiva de Toniic y, como parte de presentarles la inversión de impacto, él y su familia comenzaron a leer lo que había escrito a lo largo de los años sobre el tema. Estos artículos expresaban la filosofía de Transform Finance y abogaban por el tipo de cambio sistémico que buscaban apoyar. De inmediato vimos cómo estaban alineados nuestros valores y perspectivas. Cuando anuncié en enero de 2013 que estaba haciendo la transición fuera de Toniic para perseguir mi conjunto de valores de manera más específica, Pi fue uno de los primeros lugares a los que tímidamente le expresé mi interés por unirme a ellos. Con mucho entusiasmo pude hacer ese cambio oficialmente en el verano y empecé a trabajar con Aner y la familia.

Luego nos pusimos a trabajar para definir una estrategia. Necesitábamos, junto con la familia y sus asesores, definir nuestro enfoque de impacto, establecer objetivos de rendimiento y, en última instancia, ayudar a construir una cartera de inversiones. En el 2016, la familia culminó casi por completo la transición de 0 por ciento de impacto a una cartera casi cien por ciento de impacto, con más de cuarenta y cinco inversiones privadas respaldadas. Con el visto bueno de la familia, nos alegra compartir con aquellos que aspiran a ser inversores de impacto algo de lo que aprendimos en el proceso.

Lo primero que debe hacer un inversor de impacto es definir su enfoque: ¿Qué tipo de impacto desea causar? Para algunos esta es una opción muy simple e intuitiva. Un inversor puede sentir una pasión particular por el medioambiente, o por los derechos de las mujeres, o por la educación, o por un lugar en específico. No obstante, para muchos que ven el mundo desde una perspectiva de justicia social, es difícil elegir un solo tema entre tantos que merecen atención, especialmente cuando las causas están fundamentalmente interconectadas.

Un ejemplo de ello es que puedes construir una escuela fantástica en una comunidad pobre, pero si los niños no tienen acceso a un buen desayuno o a atención médica, no estarán preparados para aprovechar esa gran educación. Si el racismo, el sexismo o la homofobia sistémicos todavía son endémicos de la comunidad o de la institución en sí, no podrán recibir una educación culturalmente apropiada y, dependiendo de su apariencia, género o preferencia sexual, podrán, por sesgo implícito, recibir menos apoyo que otros dentro de la misma institución. Asimismo, si las emisiones de gases de efecto invernadero continúan creciendo, esa escuela podría estar bajo el agua en una década.

Este tipo de pensamiento puede incitar a dos reacciones. Una de ellas es levantar nuestras manos como señal de rendición y proclamar con razón que el cambio social es demasiado complicado y apegarnos a lo que sabemos y ver que está teniendo un impacto positivo a corto plazo. En el mundo de las inversiones, se dice: "A nadie lo despiden por comprar General Electric". Quizás el equivalente en la justicia social es: "Nadie se siente mal por donar al banco de alimentos". La otra respuesta posible, es decir: "Analicemos los *motivos* sistémicos por los que las personas en todo el mundo siguen perdiendo en tantos frentes. ¿Por qué en un planeta con tantos recursos e inteligencia natural podemos transportar una naranja de

Florida a Japón en un día, pero no hemos priorizado o descifrado cómo evitar que la gente sufra?

Aner y yo invertimos la suficiente energía como para articular con claridad una cosmogonía que nos llevaría a una forma más sistémica de abordar el impacto con Pi. Esta es una visión que actualizamos constantemente a medida que nuevas influencias amplían o complican nuestra comprensión. Diseñamos una hoja estándar que les enviamos a nuestros socios potenciales para explicar nuestros objetivos (y la reproducimos a continuación).

LOS OBJETIVOS DE PI INVESTMENTS

Buscamos abordar varios desafíos estructurales que refuerzan una economía extractivista:

La primacía del accionista desvía los incentivos. La noción de que el único propósito de una corporación es maximizar el rendimiento para sus accionistas considera a los trabajadores y al planeta como costos que deben minimizarse, en lugar de reconocerlos como activos y actores claves a largo plazo.

La participación propietaria remota y limitada conduce a la extracción de riquezas. Las relaciones comerciales son anónimas y conducen a un énfasis limitado a corto plazo en los rendimientos financieros, que son insostenibles a largo plazo. La participación propietaria y, por consiguiente, la prosperidad financiera, se limita a aquellos que tienen acceso a los recursos. El rendimiento financiero, por lo general, se fundamenta en la extracción de riquezas de las comunidades históricamente desfavorecidas o en la destrucción de los recursos del planeta que no son renovables.

Los modelos de crecimiento infinito son incompatibles con un planeta finito. Un énfasis excesivo en el desempeño financiero a corto plazo conduce a una búsqueda de crecimiento perpetuo que es incompatible con los recursos globales finitos. Esto lleva a un énfasis excesivo en la ingeniería para salir de nuestra crisis ambiental actual, y en los mercados privados, las empresas y activos deben venderse para maximizar los rendimientos para los inversores, con poca consideración por la preservación de la misión.

El liderazgo limitado frena nuestra creatividad para enfrentar los desafíos globales. La inversión de impacto la están definiendo los gestores de fondos y otros intermediarios y emprendedores, con un limitado acercamiento o rendición de cuentas a los que sirven.

Apoyamos las inversiones en vehículos financieros que promuevan una economía generativa e inclusiva al:
Asegurarnos de agregar más valor del que se les extrae tanto a las personas como al planeta.

Enfocarnos en satisfacer las necesidades de los seres humanos en lugar de crear nuevas necesidades a través de la producción ética, para reducir el consumo general de recursos.

Incorporar a las comunidades en el diseño, la gobernanza y la participación propietaria de las empresas, y permitir su actividad colectiva a través de la promoción y el acercamiento.

Crear oportunidades de inversiones directas y transparentes que apoyen que la propiedad sea amplia y profunda dentro de un contexto local.

Equilibrar el riesgo y la rentabilidad para los inversores, los emprendedores y las comunidades.

Explorar estructuras de inversión que alienten a las empresas a mantener y profundizar el enfoque de su misión a medida que crecen.

El enfoque de la inversión descrita nos brinda la ventaja de buscar proyectos transformadores en cualquier sector o geografía que ayuden a construir una cartera de inversiones que, en conjunto, esté diseñada para alentar cambios estructurales en las economías y eliminen la desigualdad y los incentivos económicos que consumen o destruyen el medioambiente. Independientemente del sector o de la geografía, estamos procurando de forma consecuente y respetuosa las maneras en las que podamos expandir el impacto de nuestros proyectos y, en particular, las formas en las que podamos fomentar una interseccionalidad intencional entre los sectores. Por ejemplo, sería genial si un proyecto aborda el desperdicio de alimentos, pero ¿por qué no aprovechar la oportunidad para abordar el acceso de las personas de bajos ingresos a los alimentos?

Debido a que la inversión de impacto es un campo relativamente nuevo y en crecimiento, todavía es limitada la cantidad de oportunidades de inversión alineadas con nuestros valores y conectados a una misión específica. Tener un enfoque muy estrecho puede hacer que sea un reto implementar un acercamiento de tener una cartera de inversiones con un cien por ciento de impacto; la cantidad que se puede invertir en la justicia alimentaria en Cleveland en todos los tipos de activos es limitada, por ejemplo. Por lo tanto, nuestro enfoque amplio, pero profundo, nos permite llenar una cartera de inversiones.

Nuestro enfoque también atrae a excepcionales empresarios y gestores de fondos que desean ayuda para sobrepasar los límites del impacto que se puede alcanzar y nos buscan como socios de "valor agregado" debido a nuestra experiencia particular. Los emprendedores a menudo saben de manera intuitiva qué buscan, pero confían en nosotros para articular mejor este mensaje para los demás y profundizar en el mecanismo con el que desean lograr el impacto.

Por supuesto que también hay desventajas a nuestro acercamiento. Al explorar un espectro tan amplio de sectores y áreas geográficas, debemos reconocer que, aunque podemos educarnos de forma rápida, nunca seremos los expertos de ningún sector en particular. Esto probablemente nos haga menos efectivos en nuestra labor y causará que tengamos menos acceso a algunas de las mejores ofertas, ya que posiblemente no representemos el inversor con el valor agregado más alto de ese sector. También tenemos que mantenernos alejados de aquellas inversiones que dependen de tecnologías que anticipamos que no podremos entender por completo o que no podremos comparar eficazmente con alternativas, como los biodigestores u otras nuevas técnicas relacionadas con la desalinización.

Otra desventaja es que invertir con otros se torna más complicado. A menudo confundimos a nuestros pares, que están acostumbrados a recomendarles ofertas a otras personas según lo que han hecho antes. Una vez que hemos facilitado un acuerdo de alimentos, de repente nos envían veinte más sobre el mismo tema, incluso si nuestro propósito de respaldar el acuerdo inicial era menos sobre el sector y más sobre su enfoque transformador. Esto provoca que terminemos teniendo que ser parte de un gran número de comunidades de inversores para mantenernos al día en varios sectores, lo que implica mucho más tiempo, viajes y manejo de estas relaciones con las comunidades que mantenerse al corriente sobre uno o dos sectores.

Sin embargo, a pesar de estas desventajas, a medida que más inversores comienzan a comprometerse con el marco de Transform Finance, resulta mucho más fácil encontrar colegas que estén igual de entusiasmados con el cambio sistémico, ya sea que tengan como objetivo lograrlo al sumergirse en un sector o al buscar inversiones de una forma tan amplia como nosotros. En el 2014, Transform Finance lanzó la Red de Inversores de Transform Finance en la Casa Blanca, con un primer compromiso colectivo de quinientos cincuenta y seis mil dólares para lograr un impacto transformador. Esa cantidad ahora ha aumentado a más de dos mil millones de dólares, lo que refleja una creciente participación de muchos inversores, desde individuos hasta instituciones, que están interesados en mejorar su impacto.[2]

Una vez que el marco del impacto está listo, la segunda pregunta que debe hacer un inversor de impacto es: "¿Cuánto dinero quiero ganar?"

La gente a menudo se salta este paso. El primer instinto para la mayoría de los inversores es: "Por supuesto, ¡hagamos tanto dinero como sea posible lo más rápido posible!". Es entonces cuando este inversor se ve obligado a hacer unas nuevas preguntas: ¿Cuánto dinero necesito ganar? ¿Es la cantidad que tengo? Es decir, ¿está bien si sólo alcanzamos a cubrir los gastos? ¿Es más? O quizás sea menos, o sea, ¿está bien gastar el fondo de inversión como una forma de filantropía? Si tuviera más dinero, ¿qué haría con él? ¿Cómo el dinero que gané hace una diferencia en mi forma de pensar? ¿Tengo alguna restricción legal en lo que puedo hacer? ¿En qué plazo necesito el dinero? Si un fondo típico obtiene rendimientos en diez años, ¿me importa si se necesitan doce años para recuperar mi dinero? ¿De vez en cuando estaría dispuesto a obtener menos rentabilidad financiera si estoy entusiasmado con lo que el proyecto está alcanzando en el mundo?

Para las fundaciones, esta puede ser una pregunta bastante simple, puesto que necesitan legalmente ceder un cinco por ciento de sus activos cada año.[3] También necesitan invertir una cantidad razonable para contratar personal y respaldar su trabajo y, además, deben mantenerse al día con la inflación. Tomando en cuenta todos estos factores, es probable que procuren un rendimiento de ocho por ciento que sea relativamente estable, en lugar de procurar un rendimiento más riesgoso, pero más alto. Este marco a menudo se conoce como el "modelo de fideicomiso" de la inversión. Las fundaciones también pueden tener una o dos mentalidades: reducir los gastos y disminuir los recursos, considerando que no usar los activos cuando el cambio climático y la desigualdad pudieran acabar con el mundo en cincuenta años no es una estrategia viable; o querer jugar un juego a largo plazo, en cuyo caso puedan pretender aumentar su base de activos, incluso más allá de sus recursos actuales para así otorgar más subvenciones en el futuro.

Para los individuos, esta decisión es mucho más difícil, personal y compleja. Un inversor que proviene de una situación en la que los recursos financieros sean limitados pudiera querer acumular capital para poder tener más libertad de elegir en la vida, tanto para el presente como para las generaciones futuras. Si el inversor proviene de un trasfondo de riqueza, puede querer preservar esa riqueza para las generaciones futuras o puede querer diseminarla de vuelta a la sociedad.

Para la clase trabajadora que, con razón, le tema al declive de la red de seguridad social en su vejez, maximizar el rendimiento de la inversión para garantizar algún tipo de retiro es un objetivo fundamental. Para muchas personas, en particular las de minorías étnicas y raciales y aquellas que habitan en el Sur Global, que han sufrido la exclusión sistemática de las estructuras de acumulación de riquezas durante siglos, cualquier oportunidad de participar en inversiones y emprendimiento proporciona una manera de lograr cierta justicia.

Para aquellos que heredaron su dinero, el origen de este puede influir mucho en cómo lo quieren tratar, e incluso legalmente, cómo lo pueden tratar. Hay una serie de poseedores de riqueza heredada que reconoce las formas en las que los recursos a los que advinieron perjudicaron a muchos en el camino, debido al desarrollo de combustibles fósiles, la esclavitud, la explotación de los trabajadores o la provisión de empleos de baja calidad, entre otros factores. Consideran que es su obligación utilizar esos recursos para intentar corregir algunos de estos errores históricos y de manera voluntaria renuncian a su poder ya sea a través de donaciones o inversiones. Resource Generation es una organización sin fines de lucro que reúne a jóvenes progresistas con riquezas para que consideren estos asuntos juntos. Es una comunidad particularmente buena para los jóvenes que luchan por comprender su propia riqueza y cómo pueden aprovecharla para el bien social.

Algunas estructuras de fideicomiso requieren trámites legales para que los beneficiarios conserven el dinero y no pueden repartirlo todo lo que tienen incluso si quisieran hacerlo. En estos casos, los beneficiarios todavía pueden elegir si desean o no maximizar la riqueza o si prefieren maximizar el impacto dentro de la camisa de fuerza que es pasar la prueba del regulador de intentar preservar el capital razonablemente.

Como la mayoría de los elementos de las finanzas transformadoras, el punto aquí no es que una respuesta resuelva todos nuestros desafíos, sino que es importante hacer la pregunta, darse cuenta de que existe más de una respuesta y responder de una manera que se sienta justa y responsable para uno.

El inversor de impacto tradicional le dará prioridad a maximizar el rendimiento financiero, y luego, como una prioridad secundaria, establecerá restricciones sobre *cómo* se puede maximizar el rendimiento en términos de qué tipo de proyectos, sectores o nivel de riesgo refleja sus valores, experiencia o zona de confort. Nadie quiere hacer una mala inversión y tampoco se ayuda a las comunidades cuando los proyectos fracasan. Los inversores tradicionales típicamente excluyen de su consideración, sin embargo, a aquellos proyectos que puedan lograr un rendimiento perfectamente decente o incluso sean más confiables que los que hay en los mercados tradicionales, pero a una tasa un poco más baja de la que se considera que es la del "mercado". Sin embargo, la tasa de mercado es un concepto resbaladizo y, a menudo, se fundamenta en los delirios de grandeza del sector financiero en lugar de en los datos reales, como se señala en el capítulo 2.

En Pi usamos técnicas tradicionales de indexación de mercado para evaluar el desempeño financiero de la cartera y reconocemos que los mercados tienden a subir con el tiempo a pesar de sus ciclos de auge y caída que el capitalismo está diseñado para facilitar, en parte debido al valor de la destrucción creativa. No obstante, nuestro instinto es que el crecimiento constante y reflexivo contribuya a una economía más saludable que sea mejor para todos a largo plazo. Entonces, si bien apoyamos una asignación de activos tradicionales para Pi Investments, anticipamos que, con el tiempo, profundizaremos incluso más en la cuestión de la asignación de activos y los puntos de referencia razonables. En consecuencia, es más probable que se busquen acuerdos y fondos que proyecten trayectorias de crecimiento razonables, en lugar de sugerir apuestas descabelladas en compañías que o crecerán enormemente o fracasarán estrepitosamente.

En Pi Investments nuestro mandato fue definir una estrategia para preservar el capital histórico y agregar una pequeña cantidad de rendimiento financiero adicional en lugar de maximizar el rendimiento financiero, lo que conllevó que se hiciera un marco similar al del "modelo de fideicomiso" que se explicó anteriormente. Este mandato ciertamente nos requiere una disciplina financiera a la hora de identificar inversiones, pero también nos da la libertad de elegir intencionalmente inversiones en función de su impacto, en lugar de su rentabilidad a corto plazo, siempre y cuando cumplan con algunos estándares mínimos para asegurarnos de que la cartera de inversiones en general alcance sus objetivos financieros.

Ahora que contamos con un marco de impacto y con un objetivo de rendimiento general para la cartera, nuestro siguiente paso fue dividirlo en objetivos financieros y de impacto por cada clase de activos y establecer una designación general de activos. Es decir, el marco por el cual los inversores eligen cuánto dinero destinar a diferentes tipos de inversiones, desde efectivo a bonos, hasta acciones y capital de riesgo y otras inversiones privadas. Tomamos los siguientes pasos para descubrir una estrategia:

Estrategia financiera: Primero, trabajamos con un asesor externo para diseñar la asignación general de activos. Este paso generalmente implica un proceso bastante estándar y altamente tecnológico que consiste en analizar miles de escenarios futuros y tratar de encontrar la estructura óptima para lograr nuestros objetivos. Como todos los modelos futuros —como dicen en la informática: *"Garbage in, garbage out* (entra basura, sale basura)"— deben manejarse con mucho cuidado. Aunque son imperfectos, son la mejor herramienta que tiene la industria financiera y proporcionan un punto de partida útil. Con este análisis en mano, obtenemos una estimación inicial de los objetivos de rendimiento por clase de activo para la cartera que, si se combinan, producirán el rendimiento general deseado.

Dadas nuestras prioridades de impacto, se realizaron dos ajustes específicos al diseño estándar de asignación de activos al excluir los fondos de cobertura y las sociedades de participación limitada (conocidas por sus siglas en inglés, MLP), a pesar de su rendimiento financiero históricamente alto. Nuestra sensación fue que, en esencia, se trataba de herramientas financieras que no eran muy buenas: los fondos de cobertura, por su falta de transparencia; y las sociedades de participación limitada, debido a su apoyo a la industria de los combustibles fósiles. El asesor consideró que todavía podíamos alcanzar nuestros objetivos generales de rendimiento sin estos dos instrumentos y ayudó a ajustar las designaciones de manera correspondiente.

Como siempre, cuando vamos de la teoría a la práctica es cuando las cosas empiezan a ponerse interesantes. Armados con un objetivo de rendimiento para una clase de activos, ¿cómo empezamos a evaluar las oportunidades potenciales? Nos dimos cuenta de que teníamos que ir un poco más allá del marco tradicional de asignación de activos en nuestra metodología.

Supongamos que el objetivo de rendimiento para las inversiones en capital privado es de un diez por ciento. Tres oportunidades se nos presentan en cualquier mes: una con rendimientos proyectados de ocho por ciento, una con once por ciento y otra con trece por ciento. ¿Cómo decidimos cuál elegir? Nos dimos cuenta de que el instinto humano es siempre decir: "¡Ve por trece por ciento!" pero puesto que cada oportunidad tenía un perfil de riesgo e impacto diferente, el objeto más llamativo desde una perspectiva de rendimiento no era necesariamente el mejor ajuste para nuestro mandato actual.

Pensamos en el hecho de que en realidad podíamos respaldar las tres inversiones y seguir cumpliendo con nuestro objetivo. Solo había que ser cuidadosos en el presupuesto para cada tipo de inversión y saber exactamente por qué y cuándo elegimos recomendar un producto con menor rendimiento. Algunas personas le llamarían a esto "renunciar al rendimiento", pero nosotros lo que queríamos era enfocarnos en lograr que el rendimiento fuese contextualmente apropiado y alcanzable para cada inversión. Así que tomamos la asignación privada (incluyendo el capital, la deuda y los activos reales) y la dividimos en las siguientes subcategorías:

1. *Alto rendimiento proyectado, bajo riesgo financiero, impacto medio.* Esta categoría incluye fondos bien establecidos que ofrecen algo más positivo en cuanto al impacto que un producto financiero tradicional, pero que todavía no son particularmente transformadores. Por lo general, estos también eran fondos con los que esperábamos colaborar para mejorar su impacto.

2. *Alto rendimiento proyectado, mayor riesgo financiero, alto impacto.* A menudo incluye fondos dirigidos por gestores de fondos novatos o son oportunidades que reflejan estrategias que, por cualquier motivo, se sienten implícitamente más riesgosas, pero que están muy alineadas con nuestro mandato en términos del nivel de impacto previsto. En general, por el hecho de que muchos fondos de inversión de impacto son principiantes o son fondos más pequeños, sentimos que era fundamental tener una designación a este renglón establecido en la cartera.

3. *Bajo rendimiento proyectado, menor riesgo financiero, alto impacto.* Esta categoría generalmente incluye los fondos que tienen un gran historial de resultados consecuentes, un rendimiento inferior al del mercado, pero razonable y con una historia de impacto única. Reconocemos que, cuando se invierte según el modelo de fideicomiso, este tipo de inversión puede ser muy útil porque logran el impacto propuesto a la vez que se minimiza la volatilidad.[3]

En esta lista se observa una notable ausencia de "rendimiento medio, impacto medio": algo un tanto indiferente para el inversor de impacto. Nuestro sentir era que estos fondos no fueron útiles para avanzar en la conversación sobre la inversión de impacto. Sus rendimientos y su impacto no lo suficientemente convincentes (en nuestra evaluación), como para alentar a las personas a tirarse al ruedo para representar un modelo que queríamos ayudar a escalar. Por lo tanto, evolucionamos a lo que a veces se denomina una estrategia de barra de pesos, una que sea significativa en ambos lados de la escala, ya sea respaldando a fondos muy exitosos desde el punto de vista financiero y a las compañías en las que creemos que podemos ayudar a expandir su impacto, o a los fondos y las compañías con mayor riesgo o de menor rendimiento, pero que logran un impacto excepcional.

Esta estrategia ha conllevado conversaciones difíciles a lo largo del tiempo entre los gestores de fondos y empresarios. Estos actores están bastante acostumbrados a escuchar que un inversor no está de acuerdo con su estrategia financiera. Pero escuchar que un inversor no está de acuerdo con su estrategia de impacto social puede provocar una conversación mucho más desafiante, ya que la naturaleza de esa estrategia es a menudo profundamente personal y refleja los valores individuales de cada parte y el compromiso de vida con el impacto. Cuando nos negamos a una oportunidad de inversión, tratamos, como parte de nuestro compromiso general con la transparencia y la rendición de cuentas, ser muy específicos acerca de nuestras razones, e incluimos una explicación sobre lo que consideramos que es y que no es efectivo en su estrategia de impacto. Sabemos que algunas personas pueden ofenderse por nuestra opinión, pero creemos que el diálogo abierto es esencial para hacer crecer nuestro campo. En este sentido, animamos a más inversores a tener este tipo de conversaciones difíciles con sus actuales y potenciales beneficiarios.

Estrategia de impacto: Una vez que habíamos desarrollado un enfoque de clase de activos, el siguiente paso fue establecer con claridad, qué significaba para nosotros el "alto impacto" y, por lo tanto, cuándo queríamos ser más flexibles en el perfil de rendimiento de un proyecto.

Aunque nuestro acercamiento era neutral en cuanto al sector, eso no significaba que cualquier oportunidad de impacto en la agricultura, las microfinanzas, la energía limpia, la salud, el desarrollo de pequeñas empresas o la vivienda, sería adecuado para nuestro enfoque. Como Aner siempre dice, para nosotros no se trata del qué, sino del cómo. ¿Un proyecto agrícola empoderó a los pequeños agricultores o les robó las tierras? ¿Un proyecto de microfinanzas brindó oportunidades reales para el desarrollo de ingresos o simplemente atrapó a las personas en una deuda insostenible? Al evaluar las oportunidades de inversión de impacto, aplicamos nuestro lente de impacto no solo al proyecto específico, sino al sector en sí, haciéndonos primero la pregunta: ¿Qué tipo de intervenciones dentro de este sector en particular conducirán a un cambio sistémico?

Este enfoque ayuda a abordar la cuestión de la medición del impacto para cartera de inversiones muy diversas al destilar un conjunto de criterios clave que nos pueden ayudar a evaluar el impacto sistémico a largo plazo de una intervención, independientemente de la situación. Luego podemos complementar esta evaluación más universal con criterios más específicos relacionados con ese sector y ese tipo particular de intervención. Aquí hay un par de preguntas fundamentales que hacemos para ayudarnos a evaluar cualquier inversión privada, a través de nuestro lente de impacto:

1. *Comunidades:* ¿Cómo están involucradas las comunidades locales en el proyecto o proceso representado por esta inversión? ¿Se identifican sus necesidades y se incorporan en el diseño, gobernanza o en la participación propietaria? ¿En cuánto están mejor las comunidades como resultado? ¿Se están alcanzando comunidades o sectores críticos?

2. *Mejores prácticas:* ¿El fondo administra sus activos de acuerdo con las mejores prácticas, según lo definen las comunidades locales, las ONG y los grupos de defensa en el contexto local, no solo la industria en sí?

3. *Valor agregado:* ¿Cuál es el valor social y ambiental agregado por el gestor en particular? ¿Cómo se compara esto con el caso base del activo que tienen los administradores convencionales o los gestores de "impacto" de la competencia? ¿Están siguiendo las mejores prácticas en su clase? ¿Ofrecen experiencia particular sobre prácticas sociales y ambientales, o mantienen relaciones importantes con sus socios inversores? ¿Cómo van más allá de la medición de impacto a la gestión activa?

4. *Plan de transición:* ¿Cuál es el plan de transición esperado para los activos, y cómo se mantendrá su valor social y ambiental?

Antes de evaluar las posibles respuestas de los potenciales socios inversores a estas preguntas, y a otras más específicas de sectores en particular, uno tiene que pasar algunos juicios sobre lo que realmente hace que un impacto sea bueno. Esto se remonta a lo que considero que es clave en mi "calificación" como inversor de impacto: así como buscaré un área de acción y trabajaré para mantener una red para identificar las mejores oportunidades de inversión, debo tener la misma habilidad para desarrollar las redes e información disponible para tomar decisiones inteligentes sobre ese impacto, sobre todo cuando me doy cuenta de que alguien en el camino se verá afectado por la decisión que se tome.

Comenzamos por hablar con los expertos en ese campo en particular, pero nótese que la palabra "expertos" la definimos de una manera bastante amplia. Por lo general apostamos a conversar con hablar con al menos dos expertos en cada una de estas tres categorías cuando evaluamos cualquier sector:

Miembros de la comunidad impactada o usuarios del servicio en cuestión

Esta categoría puede incluir mujeres que han obtenido préstamos de microfinanciamiento o agricultores que viven en comunidades que sufren el acaparamiento de tierras en nombre del desarrollo de energía renovable, así como a familias que luchan por elegir entre ofertas de educación pública y privada.

Los inversores a menudo se saltan este paso e intentan comprender las experiencias de gente con unas circunstancias de vida muy distintas, pero sus herramientas principales son el contacto con los emprendedores y las investigaciones superficiales desde la comodidad de un escritorio. Si bien estoy segura de que muchos inversores tienen una gran capacidad de empatía, no hay nada que pueda superar la experiencia vivida para comprender el impacto de una intervención en particular. Aunque la experiencia de una persona no puede extrapolarse a una intervención que pudiera impactar a un millón de personas, puede ayudarnos a comprender la interrelación de la intervención con otros factores que componen la calidad de vida en general de una persona.

Lo ideal es que estas conversaciones se produzcan después de que se hayan establecido relaciones de confianza, no durante un viaje de diligencia en el que hay todo tipo de dinámicas que podrían dificultar que un miembro de la comunidad cuente su historia completa. Para reiterar un punto principal de este libro: este paso no funciona bien si no es una prioridad constante el hacer el esfuerzo de conectar con los movimientos sociales y apoyarlos según sus términos. Este compromiso directo también ayuda a un inversor o empresario a comprender el contexto más amplio de por qué este intercambio es necesario y, por consiguiente, si la intervención es una solución paliativa o estructural.

Emprendedores y gestores de fondos que son excepcionales

Estas personas tienden a tener una amplia gama de experiencia en todas las intervenciones y, por lo tanto, pueden evaluar mejor el potencial financiero y la repercusión de varias soluciones. También se inclinan a tener la información más precisa sobre cuán difícil es (o no es) implementar una solución en particular. Es posible que también ya hayan probado y abandonado varios modelos en su camino hacia una intervención efectiva. Su experiencia puede proteger a los inversores de proyectos que replican errores que alguien más ya ha cometido.

Socios inversores que se centran en un área en particular

Al igual que los emprendedores, pero con una visión incluso más amplia y a más largo plazo, los inversores típicamente han investigado un campo a fondo antes de decidir dónde hacer sus primeras inversiones. También pueden haber realizado un trabajo considerable en la evaluación de los riesgos tecnológicos de ciertas intervenciones de una manera en la que un inversor neutral del sector no tendría la capacidad de explorar.

¿Cómo se organiza un proceso polifacético de investigación en la práctica? Puedo proporcionar ejemplos de las experiencias dispares de Pi en dos sectores: en el del desarrollo de energía renovable y en el de las microfinanzas. Recalcaré que, aunque a veces, si tenemos que hacer un esfuerzo sectorial concertado (como lo hicimos para la silvicultura sostenible), podríamos llevar a cabo dicha investigación en el transcurso de un mes. En otros casos, como en estos dos ejemplos en particular, los entendimientos se construyeron en una serie de conversaciones a fuego lento durante varios años y luego implicaron una actividad más intensa a medida que evaluamos las oportunidades de inversión en tiempo real.

Por ejemplo, en la materia de la energía renovable, nuestro objetivo general fue clasificar soluciones y oportunidades en distintos tipos de intervenciones. Después, nos aseguramos de contactar personas con experiencia en sistemas residenciales, microrredes y desarrollo de energía a escala de servicios públicos. La tabla 2 nos da un vistazo sobre con quiénes trabajamos y las perspectivas que nos proveyeron.

En cuanto a las microfinanzas, intentamos específicamente de no solo tratar con personas de comunidades en las que las inversiones particulares que evaluábamos se proponían, sino que, dado al carácter contencioso del sector, también quisimos asegurarnos de que conversáramos con los defensores más fuertes y con la mayor cantidad de detractores (véase la tabla 3).

Uno pudiera preguntarse —y con razón— por qué cualquiera de estas partes pretendería compartir gratuitamente sus conocimientos adquiridos con tanto esfuerzo con un generalista que esencialmente se está montando sobre el trabajo arduo de ellos. A menudo, este es un tema frustrante para los emprendedores, porque se espera que les brinden su tiempo a los inversores, incluso cuando no haya una inversión a la vista.

TABLA 2. PERSPECTIVAS DE LAS DEBIDAS DILIGENCIAS: ENERGÍA RENOVABLE

Perspectivas:	Temas:		
	Linternas y sistemas residenciales	Micro-rredes	A gran escala

Comunidad	México: vivir en la ciudad sin electricidad	Kenia y Ruanda: visitas de campo con una compañía de micro-rredes	Brasil: vivir en favelas con frecuentes cortes de energía
Emprendedor	Visita de campo con M-Kopa en Kenia	Visita de campo con PowerGen en Kenia	Visita de campo con Gigawart en Ruanda
Inversor	Blue Haven: inversor en sistemas residenciales	Prelude: inversor en sistemas de micro-rredes	GVAC: Experiencia a gran escala en microrredes

TABLA 3. FUENTES DE DEBIDA DILIGENCIA: MICROFINANZAS

Perspectivas	A favor	En contra
Comunidad/ beneficiario	Clientes de iniciativas de mujeres autoempleadas en EE. UU. y D-Miro, en Ecuador.	Participantes del Foro Mundial
Gestores de fondos	Matt Flannery, cofundador de Kiva; Luca Torre, cofundador de	Hugh Sinclair, autor de *Confesiones de un hereje de*

	GAWA; Jonathan Lewis, fundador de Microcredits Entrerprise.	*las microfinanzas.*
Inversores	El inversor individual más grande del mundo en microfinanzas.	Inversor anónimo con una década de experiencia.

Es importante, incluso como generalista, encontrar formas de proporcionar valor a los demás cuando buscan información, incluso si en ese momento se dificulta identificar el valor agregado específico que uno puede ofrecer. Andy Lower, ex presidente de la Fundación Eleos, estableció una práctica de asegurarse de que pasaba tanto tiempo proveyendo insumo valioso como el que pasaba ocupando el tiempo de un emprendedor, ya fuera cuando evaluaba una inversión potencial o cuando buscaba retroalimentación general sobre un tema en particular. En nuestro trabajo podemos señalar dos áreas de práctica: nuestra experiencia en el desarrollo de términos alternativos para igualar el impacto de las empresas que no se dirigen hacia una oferta pública de venta o adquisición y nuestra experiencia de ayudar a las compañías a identificar modelos participativos y comunitarios en el diseño, la gobernanza y la participación propietaria. Hemos visto también que los emprendedores a menudo aprecian la profundidad de nuestro trabajo práctico. Por ejemplo, en una transacción reciente y relativamente grande con una compañía que opera en África, descubrimos que, a pesar de representar al inversor más pequeño en el sindicato, ¡éramos los únicos que habíamos puesto un pie en el continente! Para nosotros, visitar África era un prerrequisito bastante básico para invertir allí, pero nuestra experiencia resultó ser un valor agregado único.

Analizar y codificar la información que se obtiene y las opiniones que se escuchan al consultar a los expertos puede ser un proyecto intenso. ¿Cómo tomas esas opiniones diversas y las conviertes en algo útil? Aner y yo diseñamos un sistema de calificación de impacto muy simple que ejemplifica la terrible subjetividad implícita en la toma de decisiones en cuanto al impacto. Debemos aclarar que también poseemos y desarrollamos un sistema de gestión y medición de impacto mucho más sólido para abordar oportunidades específicas. Este sistema sencillo es, no obstante, nuestro punto de partida para comenzar las diligencias. Tiene tres categorías:

BUENO: ¿Es la intervención al menos algo mejor que el *statu quo*, con un potencial limitado para causar daño, incluso si no es completamente transformadora?

MEJOR: ¿La intervención está creando algún tipo de cambio sistémico? en otras palabras, ¿está llegando a la raíz del problema?

LO MEJOR: ¿La intervención no solo crea un cambio sistémico en torno a ese problema, sino que también garantiza que las comunidades receptoras reciban su justa parte del valor financiero de la transacción? ¿Están comprometidos en términos de diseño, gobernanza y participación propietaria?

En el caso de la energía renovable en el sur global, por ejemplo, esto es lo que obtuvimos de los expertos y cómo lo alineamos para guiar nuestro trabajo.

BUENO: Sistemas residenciales de energía que les cuestan menos a las personas que el queroseno, mientras que proporcionan mucha más energía y servicios. Se usan en gran medida para actividades de consumo, como los televisores, en lugar de en actividades productivas, como las bombas de agua. Es bueno tener estos sistemas y son mucho más seguros y limpios que el queroseno, pero no resuelven el problema del acceso a la energía a largo plazo. (Aunque, para ser justos, algunos sistemas pueden expandirse con el tiempo para proporcionar una mayor capacidad de energía, pero requieren una inversión adicional). Además, tienen el potencial de ser extractivos ya que es muy fácil ofrecer al usuario un precio más barato que la terrible alternativa actual, sin presionar para proporcionar el servicio de una manera que equilibre los intereses de los inversores, los emprendedores y las comunidades.

MEJOR: Sistemas de microrredes, sistemas de extensión de redes o proyectos del tamaño de redes que reemplazan las fuentes de energía sucia. Dado que el setenta por ciento de las personas que viven sin acceso a la energía en realidad no están "fuera de la red" sino simplemente "debajo de la red" —es decir, viven a menos de un kilómetro de la red, pero no tienen acceso a ella—. A veces la mejor intervención es obtener más líneas en el sistema y limpiar su fuente de energía. En otras áreas, como en la montañosa Ruanda, la instalación de una microrred puede ser una solución más barata a largo plazo. En ambos casos, las empresas privadas deben ser cuidadosas acerca de cómo asociarse con los gobiernos y mantener la incorporación a la energía como un servicio público, accesible para todos y no solo para los miembros más ricos de la comunidad.

LO MEJOR: Aquellas compañías en la categoría de "mejor" que están siendo especialmente cuidadosas con el compromiso de la comunidad en el diseño, gobierno y propiedad. Ejemplo de ello es una compañía de microrredes keniana llamada Virunga, que busca la transición de activos a que sean propriedad de la comunidad después de que los inversores hayan recibido su rendimiento; o una empresa de servicios públicos como Gigawatt Global, que trabaja en África y Palestina, y consigue más valor a las comunidades beneficiarias al ofrecerles pagos por alquiler más altos a instituciones comunitarias, como las escuelas que proveen el terreno o que sirven como sitios anfitriones para sus instalaciones solares. (El Grupo Yansa, que discutimos en el capítulo 6, es otro gran ejemplo de una empresa en la categoría de "lo mejor").

Cabe notar que en el caso de algunos sectores que están llenos de "lavado de impacto", donde no podemos identificar muchas empresas o iniciativas positivas, esta escala se modifica a "bueno, malo y feo". Solemos evitar por completo las intervenciones en dichos sectores, a menos de que nos sintamos muy convencidos de que un emprendedor o empresa innovadora ha ideado una intervención que tenga un impacto realmente positivo.

Aquí fue donde llegamos a lo que respecta el sector de microfinanzas y por qué limitamos específicamente nuestra actividad de inversión a esa área. Sí elegimos apoyar a algunos actores que se encontraban en la categoría "bueno" y que tenían el potencial de impulsar al sector en una mejor dirección. Al adoptar esta posición, podemos ser acusados de dejar que lo perfecto sea el enemigo de lo bueno, pero sentimos que nuestra intención es resaltar lo bueno, y luego alentarlo a ser "lo mejor" que puede llegar a ser.

Los inversores a menudo hablan sobre "protecciones contra la devaluación", lo que se refiere a lo que un emprendedor o gestor de fondos hace para protegerse de resultados financieros contraproducentes. De manera similar, los inversores de impacto pensamos mucho sobre esa "protección contra la devaluación del impacto", con lo que nos referimos a cómo los gestores de fondos y los emprendedores intentan asegurarse de que lo que estiman que es una buena intervención no termine, en última instancia, causándole daño a la gente.

Irónicamente, a menudo hemos encontrado que el mayor riesgo de devaluación del impacto está en los sectores destinados a ayudar a las personas, como los servicios financieros. Esto significa que a veces elegimos no apoyar los fondos que están etiquetados como "impacto" si no confiamos en su diligencia cuando se trata de la protección de la devaluación del impacto. Sí, los fondos que se consideran como parte de la categoría de impacto simplemente a partir los sectores en los que participan —en lugar de un análisis más profundo— pueden ser los más riesgosos. Por otro lado, hemos apoyado algunas inversiones en fondos que tienen la intención específica de hacer una parte de sus inversiones en una empresa o en tecnologías que quizás sean agradable para el mundo, pero que no procuran resolver un gran problema social o ambiental. Creemos que el posible impacto negativo de un servicio de intercambio de archivos o un programa de música, por ejemplo, es mucho más neutral que el de un intento equivocado de ayudar a los pobres. Mientras que en general buscamos que las intervenciones sean lo más positivas posible, ¡preferimos lo neutral a lo negativo!

La pregunta final es qué hacer con la información que recopilamos al analizar un sector en particular. Hay dos resultados predominantes.

En primer lugar, los resultados nos permiten plantear preguntas más informadas y específicas a los emprendedores y gestores de fondos en el sector. Por ejemplo, debido a que hemos aprendido que existe un mayor potencial de acaparamiento de tierras para proyectos eólicos a escala de servicios públicos que para microrredes solares, enfocaremos nuestras preguntas de impacto de manera diferente en otros tipos de intervenciones.

En segundo lugar, esa información ayuda a guiar nuestro enfoque para el uso del capital de riesgo. Por ejemplo, podríamos recomendar deuda u otras formas de capital de menor riesgo para financiar intervenciones que se encuentran en la parte "buena" de la escala y sugerir que el capital social en una etapa temprana se reserve para las intervenciones que componen "lo mejor" de la escala. Nuestro objetivo es garantizar que las mejores prácticas al menos tengan la oportunidad de luchar para convertirse en el estándar de la industria. En el caso de la energía renovable, significó respaldar una inversión en una etapa posterior en una compañía de microrredes preparada para escalar rápidamente —lo que ayudó a comprobar la validez de las microrredes—

y procurar inversiones en el que fuese intrínseca la participación propietaria de las comunidades para la cartera de una etapa más temprana y de mayor riesgo.

Si junta todo esto, ¡esta combinación de estrategias lo habrá ayudado a construir lo que espero coincidamos en que es una cartera de inversiones de gran impacto!

Mucho del trabajo de vinculación de los accionistas es lograr que las compañías compartan más información públicamente: información sobre sus emisiones de carbono, por ejemplo, o sobre dónde invierten sus dólares destinados para campañas políticas. En términos del impacto, uno podría decir que proveer esta información es algo "bueno", pero no es "lo mejor": es el primer paso para motivar a las compañías a que mejoren sus prácticas, pero significa más un vehículo que un fin en sí mismo.

La transparencia es una herramienta para exigir responsabilidades, pero no debe ser confundida con la responsabilidad misma. Para mí, la responsabilidad no solo significa hacer y divulgar lo que usted piensa que es correcto, sino también explicar su razonamiento de una manera que trace una línea clara y directa a los valores que dijo que promueve.

Por lo tanto, como parte de nuestra práctica de rendición de cuentas, intentamos mantener el sitio web lo más actualizado posible e invito al lector a que lo visite para que pueda ver el resumen más exacto de la cartera de Pi Investments. Las carteras de inversiones son animales dinámicos y, por consiguiente, aquí muestro solo un resumen general de dónde se han enfocado estas inversiones de toda clase de activos. No menciono nombres específicos, pero proveo un sentido de los sectores y del énfasis. Lo comparto no como un modelo a imitar, sino como una manera de demostrar sencillamente la diversidad de las oportunidades que hay disponible en el campo creciente de la inversión de impacto.

INVERSIONES DIRECTAS

Para inversiones directas en compañías privadas (como inversiones ángeles o capital de riesgo), los valores de Pi se expresan a menudo, pero no siempre, mediante las siguientes áreas de enfoque:

1. *Transición hacia un futuro sostenible.* Las compañías y las estrategias que permiten una transición más inclusiva hacia una economía de energía limpia. Típicamente buscamos empresas que democratizan la capacidad de comprar, de ser propietario o de invertir en energía limpia, o que fomentan un cambio en el comportamiento del consumidor hacia un consumo reducido y a que se mejore la relación con los recursos.

2. *Reconectar a las comunidades con los alimentos sostenibles, asequibles y locales.* Las compañías y las estrategias que específicamente procuran expandir el acceso a alimentos saludables y sostenibles, fuera del núcleo de consumidores urbanos o afluyentes que han sido los que predominantemente han impulsado y se han beneficiado de las modas de alimentación sana hoy en día.

3. *Democratizar las riquezas.* Las compañías que fomentan la innovación local en las empresas que van más allá de la creación de empleos para transformar la realidad de la gente en relación con sus activos y el poder que tienen en la sociedad. Un área clave de enfoque ha sido

la cadena de producción ética, con un énfasis en la transformación de la calidad de los empleos y redefinir el papel de los trabajadores y de los suplidores como socios en la gobernanza y en la participación propietaria.

4. *Organización y abogacía.* Las compañías que ayudan a que las personas se unan para lograr una meta en común y para construir su capacidad para concertar acciones colectivas. En particular hacemos hincapié en las estrategias en línea que llevan o complementan acciones fuera del internet. También buscamos compañías que tengan la capacidad y el deseo de influenciar su industria mediante su presencia y voz públicas.

Reconocemos que trabajar de manera efectiva con empresas en sus primeras etapas requiere flexibilidad e intencionalidad para estructurar las inversiones. Es por esto por lo que las inversiones directas varían desde deuda hasta cuasi capital propio finanzas basadas en los ingresos y capital y recursos de riesgo "tradicionales". También prestamos una atención particular a la estructuración de los acuerdos para asegurar la misión a largo plazo del proyecto.

FONDOS DE DEUDA PRIVADA

Los fondos de deuda privada son, por lo regular, categorizados como ingreso fijo, ya que aspiran a producir un rendimiento predecible por un periodo de tiempo determinado (generalmente, mientras más estés dispuesto a engavetar los fondos, más interés prometerá el fondo). El campo de impacto está felizmente saturado con fondos de deuda privada en una amplia variedad de temas.

Pi Investments ha apoyado a fondos en los Estados Unidos que invierten en cooperativas de trabajadores, ha ayudado a personas que viven en casas rodantes para que compren las tierras en las que se estacionan y apoya a pequeños negocios en lugares rurales. En términos internacionales, Pi ha asistido a fondos que financian cooperativas agrícolas y a promover el crecimiento de medios independientes en los países en los que hay una historia de opresión contra la prensa.

FONDOS DE CAPITAL PRIVADO

Desde los fondos en sus etapas iniciales hasta el capital de riesgo y los fondos intermedios y de etapas tardías, también hay una gama de ofertas para los fondos de capital privado en la inversión de impacto.

Pi ha apoyado a una variedad de fondos que se enfocan en servirles a las poblaciones de bajos ingresos y diversas en todo Estados Unidos que, a su vez, están gestionados por gestores de fondos diversos que comprenden de primera mano sus objetivos de mercado. Existen otros que están enfocados en la creación de empleos de calidad, idealmente con proyectos que provean un producto útil social y ambientalmente en el transcurso.

En la actualidad, Pi tiene una exposición limitada a fondos internacionales, ya que generalmente prefiere invertir directamente en compañías de modo selectivo. Sin embargo, invertir en fondos internacionales puede ser una gran forma para que los inversores se expongan a una gran variedad de acuerdos y para que también apoyen el crecimiento de los ecosistemas de la inversión de impacto en todo el mundo.

ACTIVOS REALES

Los activos reales, como lo insinúa el término, es una categoría de inversión que en gran medida conlleva cosas que se pueden tocar: bienes raíces, tierras forestales y maderas, metales preciosos o minerales, y cosas por el estilo. Ya que esta categoría incluye muchos recursos renovables y no renovables, es crucial considerar primero, sector por sector, qué tipo de inversiones son apropiadas en primer lugar. Asimismo, ya que el mecanismo y la salida del rendimiento financiero típicamente significa pasarle al activo a alguien más (¡como cuando usted vende su casa!), a quién se le venderá el activo y qué harán con él es una cuestión fundamental que hay que atajar.

Pi se ha enfocado en inversiones en bosques manejados de forma sustentable y en viviendas de bajo costo. En esta categoría, Pi también se ha enfocado más de cerca en productos que son un "fondo de fondos", porque hay una cantidad de fondos de activos reales que tienen requisitos mínimos de inversión en comparación con otras clases de activos, por lo que puede ser más difícil conseguir un nivel decente de diversificación.

Como todas las carteras de inversiones, esta todavía está en evolución. Tengo la esperanza de que este capítulo le haya dejado con algunas de las estrategias nuevas de cómo crear una cartera que, al cien por cien, tiene un impacto real y transformador y estrategias que, como ámbito, seguiremos construyendo y mejorando con el paso de los años.

CAPÍTULO 11:
QUÉ PODEMOS HACER

¿Podemos acercarnos a la economía global con una mirada transformadora? Yo diría que es posible reconstruir la economía desde su base y que las personas de todos los perfiles de clase puedan liderar esta transformación.

No todos tenemos la oportunidad de administrar una cartera masiva de inversiones, claro. Entonces, ¿qué puede hacer la persona común? Hay formas en las que todos pueden participar en las inversiones de impacto social: aprovechando sus recursos financieros, sin importar cuán grandes o pequeños sean, por lanzar sus propios proyectos o por exigir que la inversión de impacto rinda cuentas a medida que crece.

IMPACTO REAL PARA LOS INVERSORES DE TODOS LOS DÍAS

¿Alguna vez ha sentido esa sensación horrible cuando cree en ciertos valores progresistas, pero sabe que su dinero respalda todas las cosas que detesta?

Si está leyendo este libro, supongo que se tomará en serio su contribución al cambio social y ambiental. Tal vez, sea parte de su trabajo o tal vez, sea la forma en la que cuidadosamente prepara la composta o recicla, lleva una bolsa reutilizable al supermercado, participa de protestas, examina su papel en la justicia racial y, en general, se manifiesta con gran intencionalidad en las decisiones que toma en la vida cotidiana. Quizás incluso forme parte de la industria de inversión de impacto, pero concentra su energía en administrar el dinero de otras personas.

No obstante, y a pesar de su preocupación por la justicia social, me daré la libertad de especular que la cartera de inversión que tiene ahora —ya sea una cuenta de ahorros en un banco de renombre y un 401(K) invertido en fondos mutuos seleccionados por su empleador, o fideicomisos, acciones, bonos, planes de ahorro para la universidad, una hipoteca, o incluso una deuda de crédito— es probable que no vaya acorde con lo que usted cree. Esto no es su culpa, usted simplemente invierte en las mismas cosas que se le venden a cualquier persona que ponga el pie en una institución financiera y pida una orientación. El problema es que una vez que esté al tanto de las formas en que se está usando su dinero, el "factor asco" se entra en acción y es muy difícil eliminarlo de su conciencia.

Pero no se asuste: es posible vivir una vida llena de noches de descanso y de días sin sentir asco. El proceso de volver a alinear su dinero con sus valores es muy simple.

¡Solo mueva su dinero!

A continuación, se presentan cuatro pasos, cada uno de los cuales puede realizarse en treinta minutos o menos. Así que, una vez haya desarrollado la voluntad, puede que esté a menos de dos horas de vivir una vida libre de sentir asco. Algunos de ellos se ajustan a los lineamientos de Transformative Finance. Otros, francamente, no lo hacen, pero están mucho más adelantados que lo que está la práctica comercial convencional y el compromiso de usted podría ser parte de lo que los ayude a lograr un impacto incluso más profundo eventualmente.

> El objetivo de estas sugerencias es proporcionar una descripción puramente educativa de las opciones disponibles en el universo de la inversión social. No es un consejo financiero y no pretende respaldar ningún producto, servicio o empresa en particular. La información sobre cada institución y oportunidad se tomó de sus sitios web individuales y puede haber cambiado desde el momento de la publicación.
>
> La gestión financiera es, por naturaleza, personal. Tome buenas decisiones según sus necesidades, el impacto a sus intereses y la tolerancia al riesgo. Lo ideal es que contacte un asesor financiero profesional antes de realizar cualquier inversión

Paso 1: Termine con su banco

Lo más probable es que su dinero esté en un banco de renombre. Es de suponer que, cada vez que llama o entra, tiene que pasar por ocho controles de seguridad para realizar cualquier transacción y cierta cantidad de meses de seguro se ve afectado por una tarifa de mantenimiento o una tarifa inesperada. Y, por supuesto, su dinero lo más probable es que lo estén usando para financiar todo tipo de cosas terribles.

La buena noticia es que hay una serie de bancos comunitarios que pueden hacer todo lo que normalmente desea: cuentas de cheques y ahorros gratuitas, cajeros automáticos gratuitos, depósito de cheques a través de su teléfono celular; en fin, todas las luces de colores. Por supuesto, lo más importante es que están asegurados por instituciones como la Corporación Federal de Seguros de Depósitos (FDIC, por sus siglas en inglés), en los Estados Unidos, lo que significa que su dinero está tan seguro como lo estaría en un banco grande, ya que cuenta con las protecciones del gobierno.

Los bancos que se detallan en la tabla 4 tienen todos estos servicios y además tienen tarifas que son comparables a las tasas de interés (generalmente bajísimas) que ofrecen los bancos convencionales actualmente. También tienen el atractivo de que, si solo se tiene una cantidad pequeña de dinero, por lo regular se le asignará un *banquero* de toda la vida: alguien a quien puede escribirle un correo electrónico o llamar sin esperar por media hora mientras escucha música aburrida y quien en serio lo tratará como un conocido y lo llamará por su nombre de pila.

TABLA 4. Opciones de banca comunitaria en los Estados Unidos

Nombre	Lugar	Enfoque	Luces de colores
			Acceso a 50,000 cajeros

Amalgamated Bank	Ciudad de Nueva York	Propiedad de una unión. Enfocado en los derechos laborales.	automáticos a nivel nacional de manera gratis; pagos en línea y depósitos de cheques por teléfono.
Beneficial State Bank	Oakland, California	Enfocado en el desarrollo de comunidades, acceso a viviendas, negocios sostenibles, etc.	Acceso a 50,000 cajeros automáticos a nivel nacional de manera gratis; pagos en línea y depósitos de cheques por teléfono.
New Resource Bank	San Francisco	Enfocado en el medio ambiente, comida local, energía renovable.	Todos los gastos de utilización de los cajeros automáticos son reembolsados, incluyendo a nivel internacional. Pagos en línea, depósitos y cuentas de retiro.
Carver Bank	Ciudad de Nueva York	Primer banco afroamericano y caribeño	Acceso gratuito a 50,000 cajeros automáticos; pagos en línea de cuentas y depósitos de

			cheques por teléfono, cuentas de retiro.
Self-Help Credit Union	Carolina del Norte, Washington DC, California.	Énfasis en servir a comunidades de bajos recursos económicos con productos de innovadores como cuentas especiales para inmigrantes.	Acceso gratuito a más de 50,000 cajeros automáticos; pago en línea de cuentas y depósito de cheques por celular, cuentas de retiro.
Sunrise Bank	Minneapolis, St. Paul	Énfasis en servirle a poblaciones de bajos recursos.	Telebanca, cuentas de retiro.

Así que, a modo de resumen: mejor servicio, sin sentir el asco. Parecería ser una decisión bastante obvia.

Incluso si vive en los Estados Unidos, pero no vive en estos estados particulares, puede abrir una cuenta. Primero deberá firmar y enviar el primer documento, pero después de eso, no tiene que interactuar mucho con la sucursal si no quiere, ya que ahora todo se puede hacer por internet. Si quisiera consultar qué otros bancos comunitarios o cooperativas de ahorro y crédito hay cerca de usted, busque el listado en Opportunity Finance Network (http://ofn.org/cdfi-locator) (si reside en los Estados Unidos).

¿Qué necesita para romper con su banco? En realidad, es bastante divertido, y toma alrededor de diez minutos. Tenía cuentas de depósito en cierto banco de renombre desde que era niña y les llamé hace unos años. La conversación fue así:

REPRESENTANTE DEL BANCO. —¿Qué puedo hacer por usted hoy?

YO. —Me gustaría cerrar mis cuentas.

REPRESENTANTE DE BANCO. —Bien, señora, no hay problema, puedo hacer eso por usted. ¿Puede decirme por qué? ¿Puedo convencerla de que se quede?

YO: —Me preocupa que (nombre del banco de renombre) esté apoyando a las empresas que hacen cosas terribles como la fracturación hidráulica, la minería y los abusos contra los derechos humanos. No quiero ser parte de eso, así que estoy transfiriendo mi dinero a un banco comunitario. ¿Puede por favor escribir eso en las notas para su supervisor?

REPRESENTANTE DE BANCO. —Oh, entiendo. Puedo poner eso en mis notas. ¿Hay algo que pueda hacer para convencerla de que se quede?

YO. —¿Puede el banco mejorar sus políticas sociales y ambientales para ser un mejor ciudadano global? Si no, entonces no puedo seguir apoyándolos.

REPRESENTANTE DE BANCO. —Lo siento, señora. Puedo ayudarla a cerrar la cuenta. ¿A dónde quiere que envíe el cheque o la transferencia?

YO. —Envíe a mi nuevo banco de la comunidad favorito. El número de cuenta es xxxxx y el número de cuenta es xxxx.

REPRESENTANTE DE BANCO. —Bien. Esto se ejecutará en 48 horas y sus cuentas se cerrarán.

Reproduzco la conversación real completa para demostrar que, aunque la posibilidad de romper con el banco pueda parecer intimidante, es realmente bien simple y rápido. Agregue veinte minutos adicionales para proporcionar su nuevo número de cuenta a cualquier servicio al que acceda o las facturas que pague mediante el pago automático, y todo esto lleva treinta minutos como mucho.

Aclararé que una cosa importante que los bancos comunitarios a menudo no hacen es proporcionar hipotecas. Antes de romper con mi banco de renombre, llamé primero para comprobar si el hecho de que había sido una cliente leal haría alguna diferencia cuando llegara el momento de comprar una casa. ¿Estaría sacrificando cualquier "capital relacional" que hubiera construido? Y lo triste en nuestro mundo loco de la desintermediación financiera es que aprendí que luego de veinte años de ser un cliente con un historial perfecto no hace *NINGUNA* diferencia en la capacidad para acceder a una hipoteca, ya que su hipoteca se venderá tres veces antes de que haga su segundo pago Así que no se preocupe, pues no se estaría perdiendo de nada.

Paso 2: Empiece a ahorrar para las vacas flacas

Si es financieramente prudente (y puede permitírselo), es probable que tenga algo de dinero en su cuenta de ahorros que prevea como un fondo para los días de las vacas flacas: una cantidad equivalente a unos pocos meses de sueldo o alquiler en caso de cambios inesperados en su vida o lo que esté ahorrando para una boda, pronto pago para una casa u otro evento importante: algo que no tiene la intención de tocar en el próximo año (o en los próximos dos o tres).

Dado que las cuentas de ahorro están ofreciendo menos de 0.1 por ciento de interés estos días, puede valer la pena poner algo de dinero en un instrumento a largo plazo llamado fondo de deuda privado que le dará un dos por ciento o más.[1] Si tiene que sacar el dinero temprano por una emergencia, normalmente solo sacrifica un cierto grado de interés, lo cual, dado que lo poco que habría ganado en un banco, no representa un gran riesgo y no perderá nada del depósito original en el proceso. La mayoría de estas ofertas a largo plazo vienen con alguna capa de dinero filantrópico de fundaciones que sirven como garantía contra pérdidas, similar a (aunque no tan segura) la forma en que la FDIC protege a los bancos. Las siguientes organizaciones ofrecen tasas de interés mucho más altas que las de un banco; por ejemplo, en el momento de redactar este informe, Bank of America ofrecía un 0.07 por ciento de rendimiento para una inversión de un año de un mínimo de 10,000 USD$: una tasa *seis veces* más baja que cualquiera de las oportunidades que se mencionan en la tabla, que requieren una inversión mínima empezando en tan solo 20 USD$, lo que lo hace uno de los mejores secretos guardados en las finanzas.[2] Incluso cuando las tasas de interés cambien inevitablemente en el futuro, es probable que estas oportunidades sigan siendo competitivas. Incluso cuando las tasas de interés varían inevitablemente en el futuro, estas oportunidades por lo general se mantienen competitivas. También ofrecen la oportunidad de solicitar que su dinero se use para un impacto mucho más definido si hay un área específica de cambio social que desea apoyar.

TABLA 5. Opciones de ingreso fijo.

Nombre	Enfoque del impacto	Oferta (al momento de escribir el libro)
Calvert Foundation	Doce fondos diferentes que apoyan el empoderamiento de las mujeres, las empresas locales, la educación, las viviendas asequibles, el comercio justo, etc.	20 USD$ mínimo. Elección entre 1, 3, 5, 7 o 10 años de términos; Tasa de interés de 0.5 a 3% anual. 100% repago de tasa por los pasados veinte años.
Media Development Investment Fund (Fondo de Inversión en el Desarrollo de los Medios)	Inversión en medios independientes en países de democracias jóvenes.	1,000 USD$ mínimo. Términos en un rango de 1-10 años de interés con una proporción de hasta 3% anual y reembolso de

		100% en los últimos 18 años.
RSF Social Investment Fund (Fondo de Inversión Social RSF)	Apoyo a negocios con visión sostenible, programas de arte y escuelas Waldorf.	1,000 USD$ mínimo. Término de tres meses (ej.: se puede dejar el dinero o retirarlo cada cuatrimestre), con una tasa de interés del 0.25% (más bajo que otras tasas por el corto tiempo). Tasa de repago del 98% por los pasados treinta años.

La tabla anterior es solo una muestra de la lista de opciones disponibles. También, puede pensar en usar estos fondos como una forma divertida de "obsequiar" una contribución al fondo universitario de su sobrina o sobrino favorito, en lugar de comprar un bono de ahorro a la antigua.

Para participar, por lo general puede registrarse en línea (es tan fácil como hacer una compra en Amazon). De nuevo, esta lista es solo un punto de partida: asegúrese de revisar otros fondos de deuda en el mercado o consulte a su asesor financiero. Le tomará un máximo de treinta minutos decidir cuál es la oportunidad de impacto más emocionante y ¡le sobrará tiempo para enviar el cheque!

Paso 3: Limpie sus acciones

Puede tener acciones que usted mismo administra a través de una plataforma como Fidelity, o puede estar pagando a un gestor financiero en una empresa como Morgan Stanley para que tome esas decisiones. A menudo, simplemente le preguntan si está en el nivel de riesgo A, B o C, y luego le proporcionan información muy limitada sobre dónde se encuentra su dinero. Como dice en su sitio web New Resource Bank, uno de los bancos de la tabla 4: "¿Sabes dónde pasa tu dinero la noche?" Si no lo sabe, entonces suponga que no es probable que esté donde quiere que esté.[3]

La tabla 6 muestra opciones en las que, sencillamente, puede invertir usted mismo. Asimismo, puede proveerle esta lista como un ejemplo educativo a su asesor financiero, además de preguntarle qué plataformas sociales su firma ya ofrece. De nuevo, estas son solo algunas de las opciones disponibles; desde fondos mutuos hasta los REIT y los ETF. (Si no sabe qué es eso, no se preocupe, su asesor financiero quedará impresionado. Un fideicomiso de inversiones en bienes raíces, REIT, por sus siglas en inglés, es una cartera de activos inmobiliarios que se gestiona como un fondo mutuo. Un fondo de comercio de intercambio, o ETF, por sus siglas en inglés, intenta replicar los rendimientos de un cierto índice, como NASDAQ. Esencialmente, lo que es importante saber es que funcionan de manera muy parecida a los fondos mutuos para inversores minoristas).

TABLA 6. Opciones de capital público.

Nombre	Código bursátil	Enfoque del impacto
Mercados Ambientales Mundiales Pax World	PGRNX	Fondo mutuo de sostenibilidad: enfocado en alimentos, agricultura, manejo de residuos, manejo de aguas y energías.
Fondo de Inversión Calificada CRA (Ley de Reinversión Comunitaria)	CRATX	Bonos gubernamentales centrados en la comunidad, como viviendas asequibles.
Fondo Mundial Calvert de Agua	CFWAX	Fondo mutuo en infraestructura para agua.
Fondo de Energía Limpia PowerShares WilderHill	PBW	Inversión en energía renovable (ETF)

¿Ganarás menos dinero? Existen varios estudios que dicen que no.

En un informe publicado por el Deutsche Bank en el 2012 se analizaron 100 estudios académicos sobre inversiones sostenibles que concluyeron que las empresas con altas calificaciones ambientales, sociales y con prácticas de buen gobierno corporativo, superan financieramente al mercado a medio o largo plazo.[4] Esto está respaldado por los hallazgos de estudio de la Escuela de Negocios de Harvard de 2011 que examinó a 180 empresas estadounidenses entre las décadas de 1990 y 2000. El estudio de Harvard agrupó a las compañías en grupos de "alta y baja sostenibilidad" y se descubrió que aquellas que incorporaron políticas sólidas en sus estrategias y operaciones superaron a sus competidores en casi cuatro por ciento al año. Al final del período del estudio de dieciocho años, el crecimiento compuesto dio como resultado que las compañías de alta sostenibilidad tuvieran capitalizaciones de mercado que casi duplicaban las de sus contendientes de baja sostenibilidad.

Los autores del estudio de Harvard atribuyeron este rendimiento superior de las compañías de alta sostenibilidad a varios factores, entre ellos: fuerzas de trabajo más comprometidas, licencias más seguras para operar, bases de clientes leales y satisfechos, mejores relaciones con las partes interesadas, mayor transparencia, comunidades más colaborativas y mejor capacidad de innovación.[5] Además de evidenciar el rendimiento superior financiero de las compañías con calificaciones más altas de los factores ambientales, sociales y gobernanza (conocido como ESG, por sus siglas en inglés), ambos estudios también señalaron los riesgos mitigados por adoptar prácticas efectivas en cuanto a la salud y la seguridad, la buena gobernanza y el manejo del cambio climático, lo que lleva a una menor volatilidad de las acciones.

En general, claro está, no hay garantías sobre los rendimientos, sobre todo porque como hemos visto una y otra vez, es fácil hacer o perder dinero en el mercado de valores independientemente de lo que pase. Por ejemplo, las personas que se desprendieron de los combustibles fósiles el año pasado esquivaron una bala: un estudio encargado por Prensa Asociada encontró que una dotación de mil millones de dólares que se desligó de los combustibles fósiles hubiera podido ahorrar ciento diecinueve millones de dólares, lo suficiente para pagar 850 becas de estudios universitarios por cuatro años.[6] Pero los mercados siempre son cíclicos y polifacéticos, por lo que es difícil tener una fe ciega en dichas declaraciones de causalidad.

Es de conocimiento general que la diversificación adecuada es probablemente más importante que si sus fondos toman o no en cuenta los valores sociales y ambientales. Para aquellos que tienen un horizonte de inversión a largo plazo, es difícil no pensar que las malas decisiones que toman las empresas, como la sobreinversión en los recursos no renovables no afectarán sus rendimientos a largo plazo. Esa es en parte la razón por la cual las principales compañías de seguros como Swiss Re y los fondos de pensiones como NYCERS han implementado prácticas ambientales, sociales y un buen gobierno corporativo, no por conciencia social, sino por su viabilidad a largo plazo.

Es probable que su asesor financiero responda diciendo que invertir de esta manera es una idea terrible y que perderá dinero. A menudo estas aseveraciones surgen del temor a lo desconocido: el asesor seguramente no tiene la experiencia necesaria en la inversión social para sentirse seguro a la hora de hacer recomendaciones y, por tanto, le huye. El asesor tiene, pues, que tomar una decisión: o se embarca en una travesía de aprendizaje con usted o se arriesga a perder un cliente.

Sin embargo, si tiene un asesor resistente al tema de la inversión con impacto social, afortunadamente existen otros asesores financieros que tienen décadas de experiencia incorporando los valores de sus clientes en sus inversiones. Puede conseguir una lista de las personas en su área a través de First Affirmative Financial Network.[7] Como puede imaginar, los asesores financieros que han decidido dedicar sus carreras a la inversión social tienden a ser personas muy buenas; puede terminar no solo con un nuevo asesor financiero, sino con un nuevo amigo

Paso 4: Jubilación con estilo

Lamentablemente, las cuentas de jubilación proporcionadas por los empleadores en los Estados Unidos son cada vez más raras, pero si tiene suerte, es posible que tenga una.

Si es así, su cuenta puede ofrecer ya una opción de fondo de inversión de impacto social (como TIAA-CREF, por ejemplo). No obstante, puede añadir una variedad de otras opciones sociales a su plan del empleador, como Social(k) o Green Retirement, Inc. Estas pueden ser excelentes opciones para recomendarle a su gerente de recursos humanos: son muy rentables incluso para organizaciones pequeñas o sin fines de lucro como una plataforma para los fondos de jubilación.

Si su trabajo no ofrece un plan de retiro, o usted es un contratista independiente, es posible que desee iniciar una cuenta de retiro individual (conocida comúnmente como IRA, por sus siglas en inglés) o una IRA Roth, a través de su asesor financiero o su banco, ya que cuenta con importantes beneficios contributivos. Estos fondos de retiro también pueden administrarse de manera social; usted tiene la opción de abrir su cuenta en uno de los bancos sociales mencionados anteriormente o pedirle a su asesor financiero, que explore las opciones sociales y ambientales.

¿Cómo se puede comenzar a ahorrar para un fondo de jubilación? Es mucho más fácil de lo que imagina, y definitivamente se puede hacer en menos de veinte minutos. Si tiene un contador, llame y pregunte qué tipo de cuenta le recomendaría: IRA, IRA Roth o IRA SEP. Lo más seguro es que su contador le proveerá opciones que le sean muy útiles, ya que conoce bien su situación tributaria. Si no tiene un contador, va a necesitar hacer un poco más de investigación, pero aquí brindamos un pequeño resumen.

En los Estados Unidos, con una cuenta IRA tradicional, los ahorros no están sujetos a tributaciones en el año en que realiza el depósito y no paga ningún impuesto hasta que alcanza la edad de jubilación y retira el dinero (llegado a ese punto, presumiblemente su tasa de tributación será menor ya que su ingreso general será menor, así que podrá quedarse con más cantidad de dinero). Con una cuenta IRA Roth, los ahorros sí tributan el año en el que realiza el depósito, pero *no* cuando saca el dinero. Si trabaja por cuenta propia o es propietario de una pequeña empresa, puede optar por una IRA SEP. Una IRA SEP seguiría la mayoría de las mismas reglas que una IRA tradicional y no se le cobrarán impuestos hasta que se realicen los retiros. Sin embargo, es más fácil y menos costoso de configurar que un plan 401(k). Su flexibilidad de financiamiento también es un atractivo, lo que le permite omitir las contribuciones durante los años en los que el negocio no funcione bien, y contribuir tanto como 25 por ciento de su ingreso neto o 53,000 USD$ (lo que sea menor) en años mejores.

En general, piense que por cada cinco mil dólares que pueda ahorrar, en función de su tasa impositiva efectiva, puede obtener aproximadamente mil dólares "gratis" del gobierno para pagar unas cuantas margaritas adicionales en la playa. La pregunta es, ¿quiere esas margaritas ahora o cuando se jubile? Lo que es mejor o posible para usted es muy específico para su situación financiera personal y su categoría tributaria; por lo tanto, asegúrese de consultar con su contador.

DE LAS ACCIONES INDIVIDUALES AL CAMBIO SISTÉMICO

Mover su propio dinero es una gran cosa que hacer, aunque dependiendo del tamaño de su cuenta bancaria, pueda parecer una acción en gran medida simbólica como reciclar. Podría decirse que tales esfuerzos individuales eventualmente hacen una diferencia colectiva y no deben ser ignorados, especialmente cuando son tan fáciles de hacer. Sin embargo, muchas personas quieren influir en el cambio económico de una manera más grande, más allá de sus recursos personales.

Hay dos vías principales que los activistas y los aspirantes a hacer cambios también pueden tomar para aprovechar las herramientas de inversión de impacto para el cambio sistémico:

- *Desarrollar empresas generadoras de ganancias*: Los activistas pueden desarrollar empresas que provean ingresos para su organización y aminorar su dependencia en la filantropía, o de la manera en la que crean se refleja cómo la economía debe funcionar; por ejemplo, al crear una cooperativa de trabajadores.

- *Exigir que las inversiones sean responsables*: Existen varias estrategias para influir las inversiones que no están cumpliendo con sus responsabilidades sociales o ambientales en la sociedad, ya sean inversiones tradicionales o inversiones y empresas orientadas hacia el impacto que puedan haberse descarrilado.

Cada una de estas actividades merece un libro completo por sí solo, así que aquí solo proporcionaré una visión general de las oportunidades y los recursos disponibles para las personas que buscan seguir estos caminos.

Fundar empresas que generen ganancias

Para muchas personas involucradas en actividades de construcción de movimientos como la organización, la defensa política o la acción directa, la idea de comenzar una empresa generadora de ganancias puede parecer una idea radical. Incluso si no nos encanta la idea, muchos de nosotros nos hemos acostumbrado a recaudar dólares filantrópicos como una distracción necesaria para hacer el trabajo en sí. Entonces, ¿por qué hacer algo incluso más lento y complejo? Hay un argumento moral y otro práctico para apoyar esto.

El argumento moral se remonta a la historia de la Fundación Gates, que invirtió el doble de dinero en compañías petroleras que causaban problemas de salud en Nigeria de lo que invertían en soluciones de atención médica que esencialmente abordaban los síntomas, pero no la causa. Muchas organizaciones sin fines de lucro o entidades de movimientos no reciben dinero de corporaciones debido al concepto de conflicto de intereses, pero hasta cierto punto, aceptar fondos de una fundación que invierte en las mismas compañías es solo un paso menos que participar también en el botín de los problemas que intentas resolver

Dónde trazar la línea sobre el dinero que usted aceptará y el que no es una pregunta con diferentes respuestas según las diversas organizaciones y comunidades y es imposible establecer una regla estricta y rápida. En la Coalición de Dotaciones Responsables, nuestro camino era que lo haríamos, sin aceptar una donación de ninguna persona contra la que consideremos hacer campaña (lo que en realidad nos llevó a rechazar cheques de seis cifras en dos ocasiones). Sin embargo, aceptamos dinero de las fundaciones, a sabiendas de que algunas se habían iniciado con fondos obtenidos de formas bastante infames o que tenían inversiones en entidades que no nos gustaban. Solo ganamos una cantidad limitada de ingresos por conferencias o eventos y, por consiguiente, dependíamos predominantemente de la filantropía para alcanzar nuestro presupuesto. No veíamos otra manera de sostenernos y en general nos sentimos cómodos con la idea de que *todo* el dinero que está circulando en la economía global actual que se ha construido sobre principios y prácticas insostenibles es, en cierto modo, sucio. Ahora que existe tal riqueza en el mundo, preferiríamos verla ir hacia el cambio social radical que no hacerlo. En última instancia y como hemos intentado hacer en el contexto de Transform Finance —que busca obtener un tercio de su presupuesto a partir de los ingresos obtenidos—, el dinero "más limpio" que podemos encontrar es el que hacemos a través de actividades alineadas con nuestros valores.

El argumento práctico es el más convincente y urgente. Como se señaló en el capítulo 1, la filantropía es simplemente una migaja del pan de la economía global y nunca podrá proporcionar recursos suficientes para hacer que la reconstrucción de la economía sea una lucha justa contra los intereses existentes.

La buena noticia es que las fundaciones han estado reconociendo la discrepancia entre sus inversiones y su propósito más amplio y muchas instituciones ejemplares, como la Fundación Heron, el Fondo Mundial Wallace y la Fundación Packard, han trabajado arduamente para alinear sus carteras con su misión. A medida que las fundaciones vuelven a evaluar dónde invierten, ha surgido una interesante oportunidad para que grupos de activistas accedan a muchas más formas de financiamiento. Mientras que una subvención promedio en los Estados Unidos podría ser de 75,000 USD$, una inversión inicial podría ser de 250,000 USD$, o de millones de dólares, según la clase de activo. Esta acción de inversión sirve tanto para objetivos prácticos como morales, ya que esos dólares de inversión pueden haber sido asignados a empresas e instituciones poco interesadas en la transformación económica mundial.

En respuesta a estas dos tendencias —el grupo pequeño de financiación de fundaciones disponible para las labores de justicia social y las nuevas oportunidades que surgen para acceder a dinero enfocado a inversión de impacto— las organizaciones han desarrollado modelos innovadores para apoyarse a sí mismos a través de los ingresos obtenidos y las empresas relacionadas. Algunos ejemplos dignos de mención:

- *Homeboy Industries:* Homeboy Industries proporciona a los expandilleros en Los Ángeles un lugar para aprender habilidades laborales y trabajar en una de sus empresas sociales establecidas. Las empresas abarcan desde una panadería hasta un mercado agrícola y un servicio de banquetes para fiestas. Aunque recibe fondos de diferentes fundaciones privadas, miembros de juntas directivas y otros donantes, los ingresos obtenidos de sus empresas sociales cubren el 25 por ciento de los costos necesarios para mantener todos los programas y servicios gratuitos (¡y pagos!) en su comunidad. Como le encanta decir al fundador, el padre Greg Boyle, un sacerdote católico jesuita: "No contratamos a nuestros amigos para que hagan el pan. Hacemos el pan para contratar a nuestros amigos".[9]
- *Alianza Nacional de Empleados Domésticos* (NDWA, por sus siglas en inglés): NDWA es una red en los Estados Unidos de cuidadores de niños, empleados domésticos y trabajadores de cuidados que trabaja por el respeto, el reconocimiento y la inclusión en la protección laboral de los trabajadores domésticos. Con el respaldo de más de sesenta y tres organizaciones afiliadas, la NDWA lidera varias iniciativas que incluyen la defensa de la protección laboral, la innovación de base, la inmigración, el tráfico de personas e iniciativas nacionales e

internacionales. Faircare Labs, una de las iniciativas de NDWA, busca elevar las normas de mercado en el sector del trabajo doméstico a través de pruebas e incubación de modelos de negocios innovadores que tienen el potencial de interrumpir los mercados de cuidado explotadores a la vez que se generan ingresos para NDWA.[10]

- *Centro de oportunidades de restaurantes* (ROC, por sus siglas en inglés): ROC es un centro nacional de trabajadores fundado en 2002, dedicado a mejorar las condiciones de trabajo en la industria de restaurantes. Sus más de 25,000 miembros trabajadores en quince estados abogan por cambios de políticas como la eliminación del salario mínimo con propina (solo 2.13 USD$ en los Estados Unidos, ¡como lo ha sido durante cien años!). También obtienen acceso a capacitación para ayudarlos a avanzar en sus carreras en el restaurante industria. ROC ha abierto dos restaurantes, en Nueva York y Detroit, con planes para expandirse a Nueva Orleans y a Oakland. Estos restaurantes sirven como empleadores modelo, brindan capacitación valiosa a los trabajadores y también proporcionan ingresos a organizaciones sin fines de lucro para ayudar a lograr la sostenibilidad a lo largo del tiempo.[11]

- *Asociación Nacional de Constructores de Activos de la Comunidad Latina* (NALCAB): NALCAB es una red que reúne a más de cien organizaciones sin fines de lucro para el desarrollo comunitario y creación de activos que sirven a comunidades de bajos y moderados recursos. Los miembros de NALCAB se enfocan en implementar estrategias basadas en el mercado para crear empleos, desarrollar activos en el vecindario y crear riqueza familiar. Lo hacen trabajando en una variedad de temas como vivienda asequible, microcréditos y desarrollo económico. En 2016, NALCAB lanzó un fondo de inversión, en colaboración con sus miembros, para producir y preservar viviendas asequibles en comunidades en su mayoría latinas y especialmente en áreas que están experimentando una rápida apreciación o aburguesamiento. Este esfuerzo aprovecha las relaciones que los miembros de NALCAB han estado construyendo con sus comunidades durante décadas. Su meta es crear una estructura altamente responsable en la que colocar capital y ayudar a la sostenibilidad general de la red NALCAB.[12]

En todos estos casos, las propias empresas sirven a la comunidad beneficiaria *mientras* generan ingresos para la organización sin fines de lucro. Ese no es siempre el caso, pero cuando puede ocurrir es un cambio del cielo a la tierra. Imagine, como director ejecutivo, que el cincuenta por ciento del tiempo que le dedica a la recaudación de fondos y que antes lo hubiera alejado de su comunidad, ahora lo invierte en proveerle a su comunidad un servicio útil. Y su organización tendría tanto o más dinero que antes, sin que tenga que recaudarlo. ¿Cuánto más podría hacer en beneficio a su misión social?

A medida que esta idea se ha vuelto más popular, ha surgido una interesante variedad de organizaciones para apoyar a los líderes de movimientos interesados en explorar los modelos de ingresos obtenidos:

- *Transform Finance* alberga al Instituto Transform Finance para Líderes de Justicia Social, tanto a nivel nacional como internacional. Brinda un taller de varios días para presentarles a los líderes la inversión de impacto desde la perspectiva de comenzar proyectos y de la exigirles rendición de cuentas a las inversiones de impacto.[13]

- *Accelerate Change* apoya a las instituciones a que crezcan, al ayudarlas a desarrollar beneficios innovadores para los miembros, que serían de valor para las personas que buscan organizar al llevarlos a que sean económicamente sostenibles (algo así como la Asociación Automovilística de los Estados Unidos, pero para movimientos progresistas).[14]

- *The Workers Lab*: Proporciona recursos financieros, capacitación y asistencia técnica a líderes comunitarios y empresarios que trabajan para crear un mercado laboral digno. Uno de los objetivos al hacerlo es ayudar a construir modelos de ingresos autosuficientes que puedan sostenerse a largo plazo.[15]

Las fundaciones también han financiado cada vez más experimentos con organizaciones de justicia social establecidas para buscar estrategias efectivas de ingreso devengado, por lo que puede valer la pena acercarse a un patrocinador para ver cómo respaldan tal experimento o período de planificación.

Otra razón para establecer una empresa es construir un modelo económico exitoso que pueda desafiar el paradigma dominante. Los activistas a menudo son criticados por ser buenos en decir que no a las estructuras existentes, pero sin ofrecer alternativas viables. Construir una empresa es una gran oportunidad para hacer tanto el amor como la guerra: ayudar a las personas en el corto plazo, a través de la empresa mientras que, además, se lucha contra las tendencias económicas más amplias.

¿Qué significa esto en la práctica? Significa cosas diferentes para organizaciones diferentes. Podría constituir una organización de derechos de los inquilinos que busca construir fideicomisos de tierras comunitarias. O una asociación de trabajadores que comienza una cooperativa. O un grupo de empoderamiento de mujeres que comienza una guardería. Al considerar estos ejemplos, le invito a que piense en las formas en las que lucha actualmente contra un sistema arraigado y qué alternativas amorosas usted pudiera ofrecer.

Para algunas organizaciones, amar y luchar al mismo tiempo ya está grabado en lo profundo de su ADN. Algunas, que pueden estarse enfrentando a una crisis urgente contra la que pelear (como un acaparamiento de tierras por sucedes), pudieran sentir que no tienen el tiempo ni los recursos para invertir en desarrollar proyectos nuevos, ya que tienen que emplear toda su energía para defender lo que ya tienen. De nuevo, no existe un solo enfoque correcto. Mi invitación a usted es, simplemente, que considere hasta qué punto su movimiento equilibra el amor y la lucha. ¿Este balance les hace sentir bien a usted y sus miembros?

Finalmente, para aquellos que buscan comenzar un proyecto, ¡es importante tener en cuenta que no es necesario que regrese a la escuela para obtener un máster en Administración de Empresas! Hay recursos para que los aspirantes a emprendedores accedan a capacitación, mentoría y recursos financieros. Algunos de estos no cobran una tarifa por adelantado, aunque sí pudiera pedir acciones de su emprendimiento. Como se señaló anteriormente, el campo podría usar una infraestructura más robusta para respaldar a los aspirantes a empresarios provenientes del sector social, pero al menos hay algunos programas de alta calidad disponibles para aquellos que están listos para sumergirse. Algunos ejemplos son:

- *Unreasonable Institute*: Es un programa que une a emprendedores con el potencial de abordar problemas importantes a gran escala. Al conectar a los emprendedores con mentores, inversores y colegas emprendedores, Unreasonable tiene como objetivo posicionarlos mejor para abordar los problemas sociales y ambientales. Además de tener tres institutos —en los EE. UU., México y Uganda— que han sido anfitriones de programas aceleradores de cinco semanas en los últimos años, han lanzado decenas de laboratorios en todo el mundo que ofrecen programas cortos de cinco días para emprendedores, junto con apoyo antes y mucho después de la finalización del programa.[16]

- *Global Social Benefit Institute* (GSBI): GSBI sirve a emprendedores sociales que desarrollan soluciones innovadoras para proporcionar un camino sostenible y salir de la pobreza. Ofrece un taller de tres días para emprendedores en etapa temprana, un programa en línea en la etapa de validación y un programa de diez meses para emprendedores sociales establecidos en la etapa de preparación que buscan escalar masivamente sus soluciones. El programa acelerador es seguido por una convención para inversores donde los empresarios presentan su trabajo a los financieros y donantes de Silicon Valley. Todos los programas tienen un extenso componente de mentoría, aprovechando la amplia red del GSBI.[17]
- *Village Capital*: Village Capital busca, capacita y financia a empresarios para resolver problemas globales. Opera programas de desarrollo empresarial en etapa inicial para quienes se dedican a la agricultura, la educación, la energía, la inclusión financiera y la salud. VilCap Investments, su fondo afiliado con fines de lucro, invierte en los dos graduados mejor clasificados de cada programa. Su modelo se basa en un proceso de selección de pares, donde, después de cada taller del programa, los empresarios se clasifican entre sí, según una serie de criterios establecidos. Los empresarios con las mejores calificaciones reciben más de 50,000 USD$ en inversión.[18]

- *SMASHD Labs*: Es un programa acelerador de diez semanas en Los Ángeles, liderado por el legendario inversor Troy Carter y el equipo multidisciplinario de Atom Factory, una empresa de gestión de marca conocida por sus éxitos Lady Gaga y John Legend. Se centran en las empresas en etapa temprana en la intersección de la cultura y la tecnología. Las empresas participantes se benefician de la experiencia de Atom Factory en la marca y el marketing, así como de su extensa red. El programa también es una excelente manera de pasar el tiempo de calidad con Cross Culture Ventures, un fondo cofundado por Troy Carter con sus socios Marlon Nichols y Trevor Thomas.[19]

EXIGIR RESPONSABILIDAD DE LAS INVERSIONES

A medida que miles de millones de dólares se están moviendo hacia inversiones de impacto, es importante que los activistas también les presten atención a los proyectos actualmente en desarrollo y aprovechen los puntos de apalancamiento disponibles para cambiar el comportamiento corporativo, ya sea con respecto a sociedades tradicionales o compañías más orientadas al impacto. Hay tres puntos de entrada principales en esta conversación:

- *El activismo de accionistas:* El activismo de accionistas puede ser una manera muy efectiva de promover el cambio dentro de corporaciones grandes, como se muestra en el ejemplo del capítulo 2 sobre Lockheed Martin. Las organizaciones como As You Sow y el Centro Interreligioso de Responsabilidad Corporativa pueden ser excelentes para asociarse; tienen una gran experiencia y están felices de trabajar con grupos activistas.

- *La labor de exigir responsabilidad por parte de las inversiones:* Las inversiones siempre tendrán algún tipo de impacto social o ambiental, ya sea positivo o negativo. Los inversores deben rendir cuentas cuando sus mejores intenciones fracasan (o su falta de intención causa daño). Parte de esto vendrá naturalmente a grupos que ya están acostumbrados a analizar la responsabilidad de la inversión a través de proyectos como el Banco Mundial y otras instituciones globales. Solo animaría a estos grupos a expandir su alcance para que consideren las inversiones de impacto también. Por ejemplo, el Proyecto de Responsabilidad Internacional, ha realizado un trabajo fantástico al reunir los consejos de liderazgo global de las comunidades afectadas, y luego gestiona para que se reúnan con instituciones de inversión para responsabilizarlos por su impacto.[20]

- *Esfuerzos de integración comunitaria*: Cuando los proyectos de inversión ya están en curso, una táctica es garantizar que se establezca un cierto nivel de integración y responsabilidad, generalmente, en la forma de un acuerdo de beneficio de la comunidad. Dudo en usar esa frase, "acuerdo de beneficio para la comunidad", ya que implica que el beneficio para la comunidad debe ser un "complemento" en lugar de que sea parte integral del trabajo de una empresa o inversión. Sin embargo, el modelo de acuerdo de beneficio para la comunidad es uno que puede adaptarse, idealmente extendiéndose más allá de un acuerdo de una sola vez para establecer los términos para la participación continua de la comunidad en el diseño, gobierno y propiedad de una intervención. Por ejemplo, en 2005 se completó el primer acuerdo de beneficio comunitario en Nueva York en relación con el multimillonario proyecto de la Arena Atlantic Yards. El estadio, que estaba destinado a ser el hogar de los New Jersey Nets (que luego pasaron a llamarse los Brooklyn Nets) recibió una amplia oposición por parte de los residentes de Brooklyn. Los grupos comunitarios se organizaron y negociaron el acuerdo, haciendo hincapié en cuanto a las viviendas asequibles, los salarios dignos, las disposiciones de contrataciones locales y equitativas, el compromiso de construir una guardería y el beneficio de entradas gratis a los partidos de baloncesto para los residentes del vecindario.[21]

Espero que las historias de estas organizaciones e iniciativas pioneras ayuden a confirmar mi mensaje del capítulo 1: que *todos* estamos conectados de una manera u otra con el dinero y que tenemos la capacidad de afectar cómo funciona en la sociedad. Ya sea como individuo, como miembro de una organización comunitaria, de una organización sin fines de lucro, de un movimiento social o como socio o empleado de una institución de inversión, quizás una o más de las opciones anteriores lo inspiren a arreciar su labor de activista.

CONCLUSIÓN

HACERNOS LAS PREGUNTAS

Me siento muy optimista sobre el potencial que tiene la inversión de impacto de lograr un efecto transformador en los retos masivos sociales y ambientales de nuestro tiempo. Tenemos la oportunidad de usar billones de dólares para lograr la justicia. ¡Eso es verdaderamente increíble! Podemos o no podemos, al final de todo, tomar la ventaja adecuada de esta oportunidad, pero sí espero que este libro haya podido darle un sentido claro de que las finanzas pueden ser una herramienta increíblemente efectiva para lograr el cambio social.

La realidad difícil es que el camino que tenemos delante es largo y empinado si queremos convertir estas ideas y valores en una transformación social verdadera. Una de mis citas favoritas de E. B. White, y que refleja mi modo habitual de ver la vida, es: "Si el mundo fuera meramente seductor, sería fácil. Si fuera meramente un reto, no sería un problema. Sin embargo, me levanto por las mañanas dividido entre un deseo de mejorar el mundo y un deseo de disfrutar el mundo. Esto hace que sea difícil planificar el día".[1]

A veces, en lo más profundo de mi corazón, todavía me tengo que preguntar: "¿Cómo fue que el mundo llegó a esto? ¿Cómo terminamos con métodos de organización social y económica que nos destruyen más de lo que nos sirven? ¿Por qué, a nivel de sociedad, simplemente dejamos que esto pase? ¿Por qué tenemos que pasar el tiempo luchando por la justicia cuando hay tantas maneras fantásticas de pasarlo? Estas preguntas me dejan perpleja y me descorazonan una y otra vez.

Pudiéramos ser muy conscientes de las consecuencias acumulativas de nuestras decisiones y acciones e, incluso, pudiésemos sentirnos perturbados por ellas. Sin embargo, también pudiéramos sentirnos como que nuestras acciones sobre nuestras modestas cuentas de banco —o sobre los productos que compramos— no pueden lograr mucho en un mundo guiado por los intereses económicos en vez de por las necesidades y los valores morales de los seres humanos. Incluso aquellos que tienen acceso a recursos significativos, ya sea mediante las instituciones o las riquezas personales, podrían sentirse como si su influencia fuera solo una gota en el mar.

Los miles de millones de personas alrededor del mundo cuya autonomía social, política y cultural está en riesgo por la economía mundial están dolorosamente conscientes de la injusticia y de la inequidad que se ha perpetuado. Quizás no se den cuenta de que existen caminos hacia el desarrollo y hacia una prosperidad mayor además de los que hemos tomado o quizás no reconozcan que también tienen acceso a un poder económico que puede transformar el mundo.

La inversión de impacto puede usar este poder económico y convertirlo en una fuerza para el bien. No sabemos si el campo de la inversión de impacto al final decidirá crear nuevos caminos para lograr la prosperidad para todos o si se quedará corta y solo hará cambios en los márgenes. La buena noticia es que todavía estamos en los primeros días de la inversión de impacto y, aunque quizás nunca logremos la perfección, a lo mejor tendremos la oportunidad de hacer algunas cosas bien si pensamos con detenimiento sobre qué exactamente estamos amplificando, cómo y para quién.

A fin de cuentas, este es mi consejo: use cada oportunidad que tenga para trabajar por la justicia con cada dólar, con cada palabra y con cada acción. Escuche. Y siga haciendo preguntas.

AGRADECIMIENTOS

Impacto real es la historia de mi rumbo por los mundos del cambio social y de la inversión de impacto; un camino influenciado por muchas personas. En la versión en inglés del libro les doy las gracias a más de doscientas personas. Traigo toda su energía y apoyo a la versión de español también.

La producción en español de *Impacto real* ha sido un esfuerzo de mucho trabajo y de mucho amor. Quisiera agradecer a Heifer International por su gran compromiso con la idea del impacto real y por su apoyo para poder publicar el libro. Si no fuera por su participación, esta versión no existiría. También no existiría sin Virginia Molina Cabrera, que empezó la primera traducción con un diccionario en la cocina de nuestra casa y me convenció de que tenía que traducir el libro, por lo menos por ella. Ella también ayudó bastante en el proceso editorial.

La traducción mayormente fue hecha por un equipo increíblemente comprometido de voluntarios: Nathalie Macias Patino, que respondió a todos mis pedidos (y fueron muchos) con buen humor y mucho cariño; y Manuel Cerrato, Asier Ansorena, Lynette Catalán y Jessica Loman. Tuve mucha suerte de poder trabajar con la talentosa Teresa Córdova Rodríguez, a quien recomiendo para cualquier proyecto de traducción o edición debido a su atención al detalle y profesionalismo.

También les doy las gracias a muchos líderes latinoamericanos que me han ayudado a aprender más sobre la región y la diáspora, así como sobre sus poblaciones y su gran compromiso con la sociedad: Wilfrido Girón Díaz, Juan José Consejo, Yolanda Dorador, Ozbe Ceja, Sergio Oceransky, Cristiano Navarro, Rodrigo Villar, Erik Wallsten, Virgilio Barco, Hernán Fernández, Roberto Mario Rojas Capo, Dra. Marion Teresa Capo Alonso, Xóchitl Oseguera, Matt Nelson, Milvian Aspuac, Gustavo Hernández, Efrén Meza, Óscar Castañeda y, seguramente, muchas personas más que me faltaron por mencionar, pero cuyas enseñanzas traigo conmigo.

Finalmente, quisiera darles las gracias a los que se tomaron el tiempo de leer este libro, por tratar de hacer algo positivo para la sociedad. Los necesitamos, ¡a todas y a todos!

SOBRE TRANSFORM FINANCE

Transform Finance aspira a convertir el capital en una fuerza para el cambio social transformador, al construir un puente entre los mundos de la justicia social y las finanzas. Sigue los principios que se explican en *Impacto real*, con los que procuramos apoyar, informar y organizar a inversores y activistas mediante el trabajo de abogacía, el liderazgo intelectual y servicios de asesoría.

CÓMO INVOLUCRARSE

Existen actualmente tres formas concretas de involucrarse con Transform Finance (¡aunque siempre estamos dispuestos a escuchar nuevas ideas en cuanto a cómo podemos apoyar su travesía en el impacto!):

Los inversores y las instituciones, como las oficinas familiares y las fundaciones, son más que bienvenidos a unirse a la Red de Inversores de Transform Finance, que se lanzó en la Casa Blanca en 2014 y ha crecido a más de dos mil millones de dólares en compromisos. Los miembros de esta red se reúnen todos los meses para profundizar en sus prácticas de inversión según los valores de justicia social. Transform Finance también puede proveer asesoría y apoyo individual para los miembros inversores en cuanto a áreas como el desarrollo y la gestión de una tesis de impacto, estrategias para su cartera de inversiones y las diligencias necesarias.

Los emprendedores sociales, ya sea en un contexto académico o de una incubadora, pueden tener acceso al contenido de Transform Finance para añadir una perspectiva de organización comunitaria y de rendición de cuentas a sus herramientas a la vez que aprenden sobre estructuras de financiación alternativas que sean consecuentes con sus misiones. Este contenido está disponible en inglés, español, francés y portugués.

Se puede consultar la información actualizada sobre las actividades en curso en www.transformfinance.org.

NOTAS

CAPÍTULO 1: LOS LÍMITES DE LA CARIDAD

1. P. L. Rosenfield, *A World of Giving: Carnegie Corporation of New York—A Century of International Philanthropy* (Nueva York: Public Affairs, 2014); D. Farrell, S. Lund, O. Skau, C. Atkins, J. Mengeringhaus, y M.Pierce, *Mapping Global Capital Markets: Fifth Annual Report*, Instituto Global McKinsey, 2008.

2. The Foundation Center, *Social Justice Grantmaking 2: Highlights* (Nueva York: The Foundation Center, 2009).

3. *Manual de Rentas Internas*, Servicios de Rentas Internas de los Estados Unidos, 2016, https://goo.gl/XdwwDr, accedido el 3 de junio de 2016.

4. C. Piller, E. Sanders, y R. Dixon, "Dark Cloud over Good Works of Gates Foundation," *Los Angeles Times*, 7 de enero de 2007.5. R. J. Samuelson, "It's Still the Economy, Stupid," *Washington Post*, 3 de febrero de 2016.

CAPÍTULO 2: EL ACTIVISMO ECONÓMICO Y LAS INVERSIONES DE IMPACTO

1. "Finance and Investment Offices," Universidad de Swathmore, s.f., http://goo.gl/YqEuVU, accedido el 2 de febrero de 2017.

2. "Investments," Sistema de Retiro de los Empleados Públicos de California (CalPERS), s.f., https://goo.gl/TIB9ea, accedido el 4 de junio de 2016; M. Braun. "NYC Pension Weighs Liquidating $1.5 Billion Hedge Fund Portfolio," Bloomberg, 13 de abril de 2016.

3. M. Hilton, ed., *Monitoring International Labor Standards: Quality of Information* (Washington, DC: National Academies Press, 2003).

4. T. Krattenmaker, "Swarthmore Presses Ahead with Lockheed Challenge Following Shareholder Vote," *Newswise*, 7 de mayo de 2002; J. Loviglio,"Swarthmore Challenges Lockheed Martin Discrimination Policy," Prensa Asociada, 1 de abril de 2002.

5. K. Downey, "Lockheed Changes Policy to Benefit Gays," *Washington Post*, 23 de noviembre de 2002.

6. "Shareholder Resolution History," Gestión de Activos Walden, 2016, http://goo.gl/weM28k, accedido el 4 de junio de 2016; Chris Bull, "Students vs. Big Business: A Swarthmore College Sophomore Talks About How Her Group Got the School to Use Its Economic Clout to Push for Gay Rights at Lockheed," *The Advocate*, 14 de mayo de 2002, 20, http://goo.gl/n3RWgg, accedido el 20 de enero de 2017.

7. Coalición de Dotaciones Responsables, "New Coalition to Scrutinize College Investments," Corporate Social Responsibility Newswire, 21 de abril de 2004, http://goo.gl/zOGBql.

8. "Innovative Finance," Fundación Rockefeller, s.f., https://goo.gl/mZ344r, accedido el 4 de junio de 2016.

9. "Impact Investing and Innovative Finance," Fundación Rockefeller, s.f., http://goo.gl/ahFt3x, accedido el 2 de febrero de 2017.

10. D. Lamson, "Abolition," West Hills Friends, 2012, http://goo.gl/gFUwnR.

11. B. Upbin, "Impact Capital Is the New Asset Class," *Forbes*, 18 de septiembre de 2012.

12. C. Tolentino, R. Sun, J. Cariola, X. Liu, y R. Gao, *Capstone Report* (New York: Escuela de Asuntos Internacionales y Públicos de la Universidad de Columbia, 2015).

13. J. Matthews y D. Sternlicht, "Introducing the Impact Investing Benchmark." Cambridge Associates, Global Impact Investing Network, junio de 2015, http://goo.gl/NRs7GC, accedido el 20 de enero de 2017.

14. W. Cascio, "The High Cost of Low Wages," *Harvard Business Review*, diciembre de 2006.

15. D. Mulcahy, B. Weeks, y H. Bradley, *"We Have Met the Enemy and He Is Us": Lessons from Twenty Years of the Kauffman Foundation's Investments in Venture Capital Funds and the Triumph of Hope over Experience*, Fundación Ewing Marion Kauffman, mayo de 2012, http://goo.gl/UM1bK, accedido el 20 de enero de 2017.

16. Myles Udland, "Warren Buffett Thinks Working Just to Beef Up Your Résumé Is Like Saving Up Sex for Your Old Age," *Business Insider*, 11 de noviembre de 2015, http://goo.gl/W1wUBk.

17. "About," Social Enterprise Club, s.f., http://goo.gl/YBbBMi, accedido el 31 de mayo de 2016; Net Impact, https://goo.gl/qUvG6u, accedido el 31 de mayo de 2016.

18. S. Beckert y S. Rockman, "How Slavery Led to Modern Capitalism: Echoes," Bloomberg, 24 de enero de 2012.

CAPÍTULO 3: LAS LIMITACIONES DE LA INVERSIÓN DE IMPACTO

1. "Migration Grant Guidelines," Fundación MacArthur, s.f., http://goo.gl/ars8du, accedido el 20 de enero de 2017.

2. Max Pichulik, "NexThought Monday—Impact White Washing? When Any Deal in a Developing Country with a Few Generic Metrics Can Be Considered Impactful," Next Billion, s.f., http://goo.gl/TWj9Tp.

3. Joshua D. Rhodes, "When Will Rooftop Solar Be Cheaper Than the Grid? Here's a Map," The Conversation, s.f., http://goo.gl/W4slj0.

4. N. O'Donohoe, C. Leijonhufvud, Y. Saltuk, A. Bugg-Levine, y M. Brandenburg, *Impact Investments: An Emerging Asset Class*, J. P Morgan Global Research, Fundación Rockefeller y la Red Global de Inversiones de Impacto, 29 de noviembre de 2010, http://goo.gl/5PTAUs, accedido el 20 de enero de 2017.

5. INCITE! Women of Color Against Violence, *The Revolution Will Not Be Funded: Beyond the Non-Profit Industrial Complex* (Cambridge, MA: South End Press, 2007).

6. Véase Amy Huffman, "Freada Kapor Klien: Genius Is Equally Distributed by Zip Code, Opportunity Is Not," Exitevent, 14 de septiembre de 2016, http://goo.gl/465sKA.

7. "How Many People Live in California," Suburban Stats, s.f., https://goo.gl/FBDxM8, accedido el 2 de julio de 2010.

8. "Here's a Detailed Breakdown of Racial and Gender Diversity Data Across U.S. Venture Capital Firms," *Techcrunch*, 6 de octubre de 2015, https://goo.gl/v11fn7, accedido el 2 de julio de 2016.

CAPÍTULO 4: CRECER INTELIGENTEMENTE

1. N. O'Donohoe, C. Leijonhufvud, Y. Saltuk, A. Bugg-Levine, y M. Brandenburg, *Impact Investments: An Emerging Asset Class*, J. P Morgan Global Research, Fundación Rockefeller y la Red Global de Inversiones de Impacto, 29 de noviembre de

2010, http://goo.gl/5PTAUs, accedido el 20 de enero de 2017.

2. J. Militzet, "The Impact of Tech: Sandhya Hegde of Khosla Impact Fund Discusses How High-Tech Solutions Can Transform Lives at the BoP," Next Billion, 5 de noviembre de 2015, htpp://goo.gl/saKYJ3, accedido el 20 de enero de 2017.

3. R. Rosenberg, "CGAP Reflections on the Compartamos Initial Public Offering," Consultative Group to Assist the Poor (CGAP), 1 de junio de 2007, http://goo.gl/bYjm1z, accedido el 20 de enero de 2017.

4. Development Initiatives, *Investments to End Poverty: Real Money, Real Choices, Real Lives*, 2013, http://goo.gl/aUN3jG, accedido el 20 de enero de 2017; S. Strom y V. Bajaj, "Rich I.P.O. Brings Controversy to SKS Microfinance," *New York Times*, 29 de julio de 2010.

5. M. M. Pitt y S. R. Khandker, "The Impact of Group-Based Credit Programs on Poor Households in Bangladesh: Does the Gender of Participants Matter?," *Journal of Political Economy* 106, n°. 5 (1998): 958–996; D. Roodman y J. Morduch, "The Impact of Microcredit on the Poor in Bangladesh: Resisting Evidence," Centro para el Desarrollo Global, 2009, http://goo.gl/vQcRdd.

6. K. Odell, *Measuring the Impact of Microfinance* (Washington, DC Fundación Grameen, 2010).

7. M. Yunus, "Sacrificing Microcredit for Megaprofits," *New York Times*, 14 de enero de 2011.

8. N. Macfarquhar, "Banks Making Big Profits from Tiny Loans," *New York Times*, 13 de abril de 2010.

9. M. Yunus, "Social Business," Centro Yunus, 25 de diciembre de 2007, http://goo.gl/OLX35v, accedido el 6 de junio de 2016.

10. "Grameen Crédit Agricole Fund: A Lever for Development," Grameen Crédit Agricole Fund, s.f., http://goo.gl/tw1DmL, accedido el 4 de febrero de 2017.

CAPÍTULO 6: INVOLUCRAR LAS COMUNIDADES

1. "Rio Favela Facts," Catalytic Communities (CatComm), http://goo.gl/KTdQWL, accedido el 13 de febrero de 2017.

2. R. DiAngelo, "White Fragility," *International Journal of Critical Pedagogy* 3, nº. 3 (2011): 54–70.

3. R. Rosenberg, "CGAP Reflections on the Compartamos Initial Public Offering," Grupo de Consultores para Asistir a los Pobres (CGAP), June 1, 2007, http://goo.gl/bYjm1z, accedido el 20 de enero de 2017.

4. Octavio Vélez Ascencio, en NoticiasNet.mx, citado en Selene Aparicio (trad.), "The 'Dark Side' of Wind Power in Mexico," *Renewable Energy Mexico*, 4 de mayo de 2012, http://goo.gl/TxMsK5, accedido el 20 de enero de 2017.

5. J. A. Schertow, "Solidarity with the Resistance Against Corporate Windfarm in Oaxaca, Mexico," *Intercontinental Cry*, 5 de noviembre de 2012, http://goo.gl/lq9XF4, accedido el 20 de enero de 2017.

CAPÍTULO 7: CREAR MÁS VALOR DEL QUE SE EXTRAE

1. J. Hornbeck, "The Argentine Financial Crisis: A Chronology of Events," Servicio de Investigación del Congreso de los Estados Unidos, Biblioteca del Congreso de los Estados Unidos, 31 de enero de 2002.

2. C. Zimring y W. Rathje, *Encyclopedia of Consumption and Waste: The Social Science of Garbage* (Thousand Oaks, CA: SAGE Publications, 2012).

3. B. Dangl, "Occupy, Resist, Produce: Worker Cooperatives in Argentina," *Upside Down World*, 6 de marzo de 2005, http://goo.gl/su7brm.

4. "Our Mission," The Working World, 2016, http://goo.gl/isDEYW, accedido el 2 de julio de 2016.

5. K. Vellinger, M. Simon, y S. Oceransky, *Redefining Impact: Case Studies in Transformative Finance*, Toniic and The Transformative Finance Network, 2013, http://goo.gl/1rcrma, accedido el 20 de enero de 2017.

6. "Loans," The Working World, s.f., http://goo.gl/OTl0eL, accedido el 2 de julio de 2016.

CAPÍTULO 8: BALANCEAR EL RIESGO Y EL RENDIMIENTO

1. Cocoa Barometer, 2015, http://goo.gl/oGgyEV, accedido el 20 de enero de 2017.

2. "History of Fairtrade," Fairtrade International, 2011, http://goo.gl/Bfs3lm, accedido el 14 de junio de 2016; "What Is Fairtrade," Fairtrade International, 2011, http://goo.gl/Bfs3lm, accedido el 14 de junio de 2016.

3. C. Doutre-Roussel, *The Chocolate Connoisseur: For Everyone with a Passion for Chocolate* (Londres: Piatkus Books, 2005).

4. "Emily Stone," Ashoka Innovators for the Public, 2014, http://goo.gl/nQLoEd, accedido el 14 de junio de 2016.

5. *The World Factbook*, Agencia Central de Inteligencia de los Estados Unidos, http://goo.gl/gA2RHt, accedido el 20 de enero de 2017; *2009 Análisis de la pobreza en el país, Comité Asesor Nacional de Desarrollo Humano del Ministerio de Desarrollo Económico, Comercio e Industria y de Protección al Consumidor,* Belice, agosto de 2010.

6. "Indigenous Innovation: Revolutionizing Cacao Production in Belize," Kickstarter, 2014, https://goo.gl/OBeVqt, accedido el 14 de junio de 2016.

7. "Facts and Figures," Asociación de Cafés Especiales de las Américas, http://goo.gl/moumvX, accedido el 14 de junio de 2016.

CAPÍTULO 9: MAXIMIZAR EL IMPACTO

1. "IRIS: The Rockefeller Foundation," Global Impact Investing Network, s.f., https://goo.gl/luiyu4, accedido el 12 de junio de 2017.

2. "GIIRS Ratings," B Analytics, 2016, http://goo.gl/HeoEtW, accedido el 12 de junio de 2016.

3. World Bank, *IFC Jobs Study: Assessing Private Sector Contributions to Job Creation and Poverty Reduction* (Washington, DC: Grupo del Banco Mundial, enero de 2013, http://goo.gl/oppggh, accedido el 20 de enero de 2017.

4. "Fight Poverty: Move the GDP Needle," Endeavor, 17 de septiembre de 2012, http://goo.gl/3TsijO, accedido el 12 de junio de 2015.

5. A. Lowrey, "Income Inequality May Take Toll on Growth," *New York Times*, 16 de octubre de 2012.

6. Organización Internacional del Trabajo, *World Employment and Social Outlook 2016*, enero de 2016, http://goo.gl/yBhgiE, accedido el 13 de febrero de 2017.

7. G. S. Fields, *Working Hard, Working Poor: A Global Journey* (Nueva York: Oxford University Press, 2012).

8. C. DeNavas-Walt y B. Proctor, *Income and Poverty in the United States*, US Department of Commerce, US Census Bureau (Washington DC: Oficina de Impresiones del Gobierno de los Estados Unidos, 2012); L. Sullivan, T.

Meschede, L. Dietrich, y T. Shapiro, *The Racial Wealth Gap: Why Policy Matters*, Instituto de Activos y Política Social, Universidad de Brandeis, and Demos, 2015, http://goo.gl/n2X5w6, accedido el 20 de enero de 2017.

9. "L&J: About Us," Liberty and Justice, s.f., http://goo.gl/BDkAeA, accedido el 13 de junio de 2016.

10. Huntington Capital, "2013 Annual Impact Report: Pioneering High Performance Impact Investing," 2013, http://goo.gl/Ewc9Ek; véase también "About SBA," Administración de Pequeñas Empresas de los Estados Unidos, s.f., https://goo.gl/A0pNYQ, accedido el 14 de junio 2016.

11. Véase Jobs with Justice, www.jwj.org, accedido el 14 de junio de 2016; Centro Laboral de Berkeley, http://laborcenter.berkeley.edu, accedido el 14 de junio de 2016; For Working Families, www.forworkingfamilies.org, accedido el 14 de junio de 2016.

12. E. Appelbaum, R. Milkman, L. Elliott, y T. Kroeger, *Good for Business? Connecticut's Paid Sick Leave Law*, Centro para la Investigación Económica y de Políticas, 2014, http://goo.gl/ceHGtv.

13. "Paid Sick Days: Good for Business, Good for Workers," Alianza Nacional por las Mujeres y las Familias, agosto de 2012, http://goo.gl/cxQ8q9.

14. W. Cascio, "The High Cost of Low Wages," *Harvard Business Review*, diciembre de 2006.

15. C. X. Chen y T. Sandino, "Can Wages Buy Honesty? The Relationship Between Relative Wages and Employee Theft," CtW Investment Group, s.f., http://goo.gl/RkRsDa.

16. D. Kruse, "Research Evidence on Prevalence and Effects of Employee Ownership: 2002 Report by Douglas Kruse,

Rutgers University," Testimonio ante el Subcomité de Relaciones Patrono-Empleados, Comité de Educación y Fuerza Laboral de la Cámara de Representantes de los Estados Unidos. 13 de febrero de 2002, publicado en el Centro Nacional de la Participación Propietaria de los Empleados, 13 de febrero de 2002, http://goo.gl/laAYwO, accedido el 13 de febrero de 2017.

CAPÍTULO 10: EL IMPACTO REAL A ESCALA

1. *Establishing Long Term Value and Performance*, Deutsche Bank Group, 2012, http://goo.gl/Fyvj3G, accedido el 4 de febrero de 2017; *The Impact of Corporate Sustainability on Organizational Processes and Performance*, Escuela de Negocios de Harvard, 2010, http://goo.gl/MP1v3V, accedido el 4 de febrero de 2017.

2. "Transform Finance Investor Network Launches at White House with $556 Million Pledge," Philanthropy New York, 25 de junio de 2014, https://goo.gl/aEcLfX, accedido el 2 de julio de 2016; "Background on the White House Roundtable on Impact Investing," White House, s.f., https://goo .gl/dcSN91, accedido el 2 de julio 2016.

3. *Internal Revenue Manual*, IRS, 2016, https://goo.gl/XdwwDr, accedido el 3 de junio de 2016.

4. Govtech Fund, http://govtechfund.com, accedido el 2 de julio de 2016.

5. "Ecotrust Forest Management," Impact Assets, s.f., http://goo.gl/iFhvLu, accedido el 22 de junio de 2016.

CAPÍTULO 11: QUÉ PODEMOS HACER

1. "Weekly National Rates and Rate Caps," Corporación Federal de Seguro de Depósitos, http://goo.gl/9j5A6P, accedido el 14 de junio de 2016.

2. "Featured CD," Bank of America, s.f., http://goo.gl/uPR624, accedido el 14 de junio de 2016.

3. "Impact Savings and Money Market," New Resource Bank, s.f., http://goo.gl/Y6oLc9, accedido el 14 de junio de 2016.

4. *Establishing Long Term Value and Performance*, Deutsche Bank Group, 2012, http://goo.gl/Fyvj3G, accedido el 4 de febrero de 2017.

5. *The Impact of Corporate Sustainability on Organizational Processes and Performance*, Escuela de Negocios de Harvard, 2011, http://goo.gl/MP1v3V, accedido el 4 de febrero de 2017.

6. K. Begos y J. Loviglio, "College Fossil-Fuel Divestment Movement Builds," Yahoo News, 23 de mayo de 2013, http://goo.gl/H4f9Xs, accedido el 4 de febrero de 2017.

7. First Affirmative, www.firstaffirmative.com, accedido el 14 de junio de 2016.

8. S. Merkel, "What Is the Difference Between a ROTH, SEP and Traditional IRA?" Investopedia, http://goo.gl/XqINxS, accedido el 14 de junio de 2016.

9. Homeboy Industries, www.homeboyindustries.org, accedido el 14 de junio de 2016.

10. Alianza Nacional de Trabajadores Domésticos, www.domesticworkers.org, accedido el 14 de junio de 2016.

11. Restaurants Opportunities Centers United, http://rocunited.org, accedido el 14 de junio de 2016.

12. Asociación Nacional de Constructores de Activos de la Comunidad Latina, www.nalcab.org, accedido el 14 de junio 2016.

13. Transform Finance, http://transformfinance.org, accedido el 14 de junio de 2016.

14. Accelerate Change, http://acceleratechange.org, accedido el 14 de junio de 2016.

15. The Workers Lab, http://theworkerslab.com, accedido el 14 de junio de 2016.

16. Unreasonable Group, http://unreasonablegroup.com, accedido el 14 de junio de 2016.

17. "GSBI Programs," Centro Miller de Emprendimiento Social, www.scu-social entrepreneurship.org/gsbi, accedido el 4 de febrero de 2017.

18. Village Capital, www.vilcap.com, accedido el 14 de junio de 2016.

19. SMASHD Labs, http://smashdlabs.co, accedido 4 de febrero de 2017.

20. International Accountability Project, http://accountabilityproject.org, accedido el 14 de junio de 2016.

21. P. Salkin y A. Lavine, "Negotiating for Social Justice and the Promise of Community Benefits Agreements: Case Studies of Current and Developing Agreements," *Journal of Affordable Housing & Community Development Law* 17 (2008): 113–144.

CONCLUSIÓN: HACERNOS LAS PREGUNTAS

1. Israel Shenker, "E. B. White: Notes and Comment by Author," *New York Times*, 11 de julio de 1969, http://goo.gl/EuRVX, accedido el 20 de enero de 2017.

SOBRE LA AUTORA

MORGAN SIMON es una líder reconocida de la inversión de impacto que construye puentes entre las finanzas y la justicia social. Es socia fundadora de Candide Group, una asesora de inversiones licenciada y es cofundadora y directora de la organización sin fines de lucro Transform Finance. Simon, exalumna de la Universidad de Swarthmore, ahora es profesora en el programa graduado de la Universidad de Middlebury. Vive en el Área de la Bahía de San Francisco.

A Simon se le puede contactar a la dirección
www.morgansimon.com

Made in the USA
Columbia, SC
16 February 2020